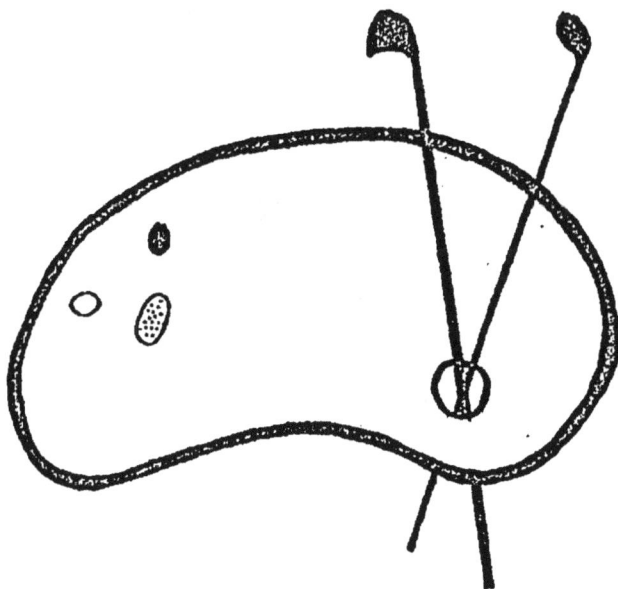

DEBUT D'UNE SERIE DE DOCUMENTS
EN COULEUR

BIBLIOTHÈQUE DE LA JEUNESSE CHRÉTIENNE
5e SÉRIE.

LAURENT ET JÉROME

OU

LES DEUX JEUNES POËTES

PAR

ÉTIENNE GERVAIS

TOURS

ALFRED MAME ET FILS, ÉDITEURS

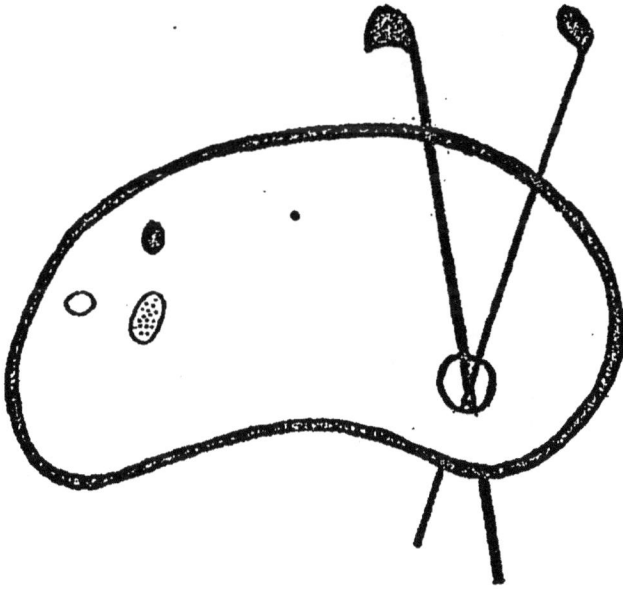

FIN D'UNE SERIE DE DOCUMENTS
EN COULEUR

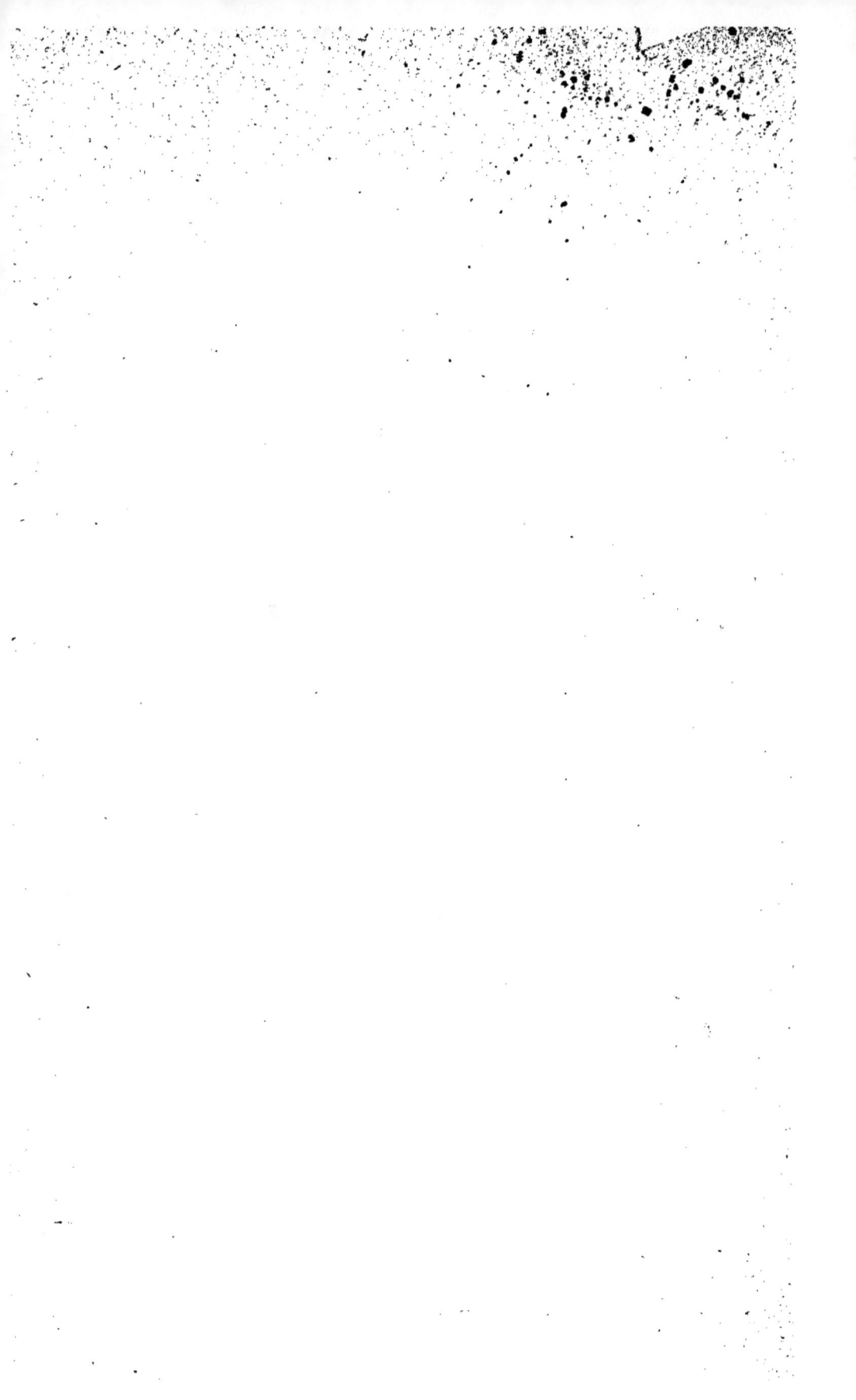

BIBLIOTHÈQUE

DE LA

JEUNESSE CHRÉTIENNE

APPROUVÉE

PAR Mgr L'ARCHEVÊQUE DE TOURS

—

4ᵉ SÉRIE IN-12

Il mit avec précaution, pour ne pas éveiller le jeune homme,
quelques sous, le morceau de pain et deux pommes
dans la poche de son habit. (P. 80.)

LAURENT ET JÉROME

ou

LES DEUX JEUNES POËTES

PAR

ÉTIENNE GERVAIS

SIXIÈME ÉDITION

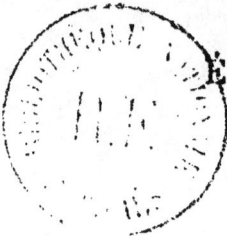

> Cette double histoire de deux jeunes
> gens partis du même point, appartenant
> à la même condition sociale, doués des
> mêmes aptitudes, et arrivant à une fin
> si différente, m'a toujours vivement
> frappé, et me semble renfermer un
> grand enseignement.

TOURS

ALFRED MAME ET FILS, ÉDITEURS

1878

©

LAURENT ET JÉROME

CHAPITRE I

Servant d'introduction.

En 1825, j'étais lieutenant au 9ᵉ régiment de dragons, alors en garnison à Épinal, chef-lieu du département des Vosges. Au mois de mai, je fus envoyé avec un peloton de cavaliers, et un certain nombre de chevaux destinés à *prendre le vert*, dans un petit village dont j'ai oublié le nom. Tout ce que je me rappelle, c'est qu'il était situé dans le voisinage de Fontenoy-le-Château, à peu de distance de Remiremont, et qu'il était

environné d'excellentes prairies où nos chevaux pouvaient s'ébattre à leur aise. Mais
si le pays promettait un séjour agréable à
nos montures, il nous parut fort triste, à mes
dragons et à moi. Le village se composait
d'environ cent cinquante feux, et n'avait
d'autres habitants que des cultivateurs. Mes
soldats et leurs chevaux trouvèrent encore
assez facilement à se loger ; mais moi, ce fut
bien différent : il n'y avait pas une maison
bourgeoise, ni même une auberge où il me
fût possible d'avoir une chambre un peu
passable, et de me procurer ma nourriture,
même à prix d'argent. J'étais sur le point
de demander l'autorisation de m'établir à
Fontenoy ou à Remiremont, avec la perspec-
tive d'être obligé de venir chaque jour visiter mon cantonnement, quand le maire de
la commune, voyant mon embarras, m'offrit
gracieusement l'hospitalité. « Vous n'aurez
pas, me dit-il, un logement somptueux,
je n'ai à vous offrir qu'une chambre qui sert

de pied-à-terre au propriétaire lorsqu'il lui prend fantaisie de venir visiter son domaine. Quant à la nourriture, si vous n'êtes pas difficile, et que vous vouliez, comme notre maître, vous contenter de la cuisine que vous fera ma femme ou ma bru, c'est aussi à votre service. »

Je remerciai cordialement le maire, en ajoutant que je n'acceptais son offre qu'à condition que nous fixerions d'avance le prix de la pension que je lui devrais pendant mon séjour.

« Monsieur, me répondit-il en souriant avec bonhomie, je ne suis ni un aubergiste ni un traiteur, et je n'ai pas pour habitude de faire payer l'hospitalité qu'on reçoit chez moi; d'un autre côté, je n'ai pas le droit de vous imposer malgré vous l'obligation que vous contracteriez envers moi pour un service gratuit : eh bien, afin de tout arranger, nous ne fixerons aucun prix pour votre pension, et quand vous quitterez

le pays, vous donnerez à celle qui aura été
votre cuisinière, ou aux enfants, quelques-
unes de ces bagatelles qui plaisent tant aux
femmes et aux enfants, et qu'ils conserve-
ront précieusement en souvenir de notre
hôte l'officier; de cette manière vous vous
acquitterez facilement de la dette que vous
aurez contractée envers nous. »

J'acceptai à ces conditions. Mon hôte ap-
pela aussitôt une servante, et la chargea
d'aller préparer ma chambre.

« En attendant, me dit-il, voulez-vous
me permettre de vous offrir à déjeuner ?
D'Épinal ici l'étape est longue, et vous de-
vez avoir gagné l'appétit. »

En même temps il fit signe à sa femme
de mettre deux couverts sur le haut bout de
la grande table commune, tandis que sa bru
cassait des œufs pour faire une omelette, et
que lui-même allait chercher à sa cave deux
bouteilles de son meilleur vin. Bientôt un
déjeuner composé d'une omelette, d'un

jambon, d'une volaille froide, de beurre
délicieux, de radis, de fromage et de quelques fruits secs, fut servi comme par enchan-
tement. Mon hôte et moi, nous prîmes place
à table en face l'un de l'autre. Il me serait
difficile de dire lequel des deux fît le plus
d'honneur à ce repas, quoique mon com-
mensal fût un vieillard plus que septuagé-
naire, et que moi je fusse dans toute la
force de l'âge et doué d'un robuste appétit,
aiguillonné encore par une route de cinq à
six heures à cheval. Mais le père Jérôme
Mancel, c'était le nom de mon hôte, malgré
ses soixante-dix ans bien sonnés, malgré sa
chevelure blanche comme la neige, avait
conservé la vigueur que bien des hommes
ont déjà perdue à cinquante ans et même
plus tôt. Il était d'une taille moyenne, plutôt
petite que grande, mais bien proportion-
née. Sa constitution, dans sa jeunesse, ne
paraissait pas très-robuste; mais elle s'était
fortifiée par l'habitude d'un travail régu-

lier, et par une vie sobre éloignée de tous les genres d'excès. Marié de bonne heure, il avait eu dix enfants, et quoiqu'il en eût perdu plusieurs, que deux l'eussent quitté pour s'établir ailleurs, ceux qui restaient, filles et garçons, étaient tous mariés et formaient, avec leurs petits enfants, une nombreuse famille patriarcale dont le père Jérôme Mancel était le chef vénéré.

Pendant le déjeuner nous causâmes comme de vieux amis. Je fis tout d'abord une remarque qui me causa quelque surprise : c'est que le père Mancel, tout en n'ayant rien qui le distinguât extérieurement des autres paysans de cette partie de la Lorraine, s'exprimait avec facilité, dans un langage pur et correct, au lieu du patois ou français corrompu en usage dans le pays; seulement il avait conservé cet accent lourd et traînard qu'on retrouve généralement dans les Vosges et dans la Franche-Comté, et qui semble en quelque

sorte un produit du terroir. J'observai encore qu'il ne se servait que d'expressions
choisies, je dirais presque recherchées,
comme quelqu'un qui n'a appris à parler
que dans les livres et qui n'est pas habitué
au langage simple et facile de la bonne
compagnie. De ces remarques il était facile
de conclure que le brave homme avait fort
peu voyagé, et tout aussi peu fréquenté le
monde.

Après le déjeuner, il s'excusa sur des
affaires urgentes de ne pouvoir me tenir
compagnie plus longtemps, et il chargea sa
femme de me conduire et de m'installer
dans la chambre qui m'était destinée. A en
juger par ce que j'avais vu de la maison tant
à l'extérieur qu'à l'intérieur, elle ne se distinguait en rien des autres habitations et
fermes du village, sinon qu'elle était plus
grande et que ses dépendances occupaient
un espace plus étendu. Je m'attendais donc
à ne trouver qu'un logement d'une simpli-

cité tout à fait rustique, et je fus agréable-
ment surpris quand ma vieille hôtesse m'in-
troduisit dans une chambre assez vaste, dont
l'ameublement, s'il était loin d'être à la
mode, était du moins propre et assez bien
conservé. Du reste, ce mobilier n'avait rien
de somptueux; il se composait d'un assem-
blage assez disparate d'objets divers. Dans
une alcôve, qui occupait un des côtés de la
chambre, s'élevait un lit à rideaux et à
courte-pointe d'indienne à grands ramages;
en face de l'alcôve était une cheminée sur-
montée d'un trumeau avec glace; et sur le
troisième côté s'ouvraient deux croisées,
entre lesquelles était placée une armoire;
du côté opposé aux croisées était une commode en bois de rose, style Louis XV, et
au-dessus, tout le long du mur, s'étendaient
plusieurs rayons chargés de livres reliés ou
brochés et de registres empilés. Au milieu
de la chambre était une grande table mas-
sive en chêne, sur laquelle se trouvaient

deux ou trois encriers, des plumes et quelques cahiers de papier ; autour de cette table
étaient rangées des chaises dépareillées et
de différentes origines ; dans le haut bout
était placé un large fauteuil recouvert d'un
cuir qui avait peut-être été vert, mais dont
il était difficile de reconnaître la couleur pri-
mitive. Çà et là dans les espaces vides des
murs étaient suspendues des cartes géogra-
phiques, un tableau noir pour des opéra-
tions d'arithmétique, et d'autres tableaux
sur un desquels étaient inscrits les com-
mandements de Dieu et de l'Eglise ; les
autres contenaient des sentences morales
tirées de l'Ecriture sainte ou de divers
auteurs français en vers ou en prose. Quelques bancs de bois placés le long des
murs, un buste du roi régnant (c'était
alors Charles X), élevé au-dessus de l'armoire, qui lui servait de piédestal, et un
autre buste plus petit sur la cheminée, com-
plétaient l'ameublement de cette chambre.

Après avoir jeté un coup d'œil rapide sur tous ces objets, je dis en souriant à mon hôtesse :

« Il paraît, ma brave dame, que vous m'avez logé dans la salle d'école du village : ne craignez-vous pas que ma présence ne gêne le maître et les élèves quand on fera la classe?

— Oh! il n'y a pas de danger, répondit-elle sur le même ton, car on ne fait la classe ici que pendant l'hiver. Cette salle sert d'ailleurs à plusieurs autres usages : c'est d'abord une chambre à coucher, puisqu'il y a un lit qu'occupent de temps en temps le propriétaire de ce domaine et nos parents et amis quand ils viennent nous voir; puis elle sert aux réunions du conseil municipal, à la célébration des mariages civils quand il y en a dans la commune, au dépôt des registres et des archives de la mairie, qui sont enfermés dans cette armoire, dont mon mari a la clef. Autrefois même cette chambre a servi d'église; car pendant la révolution, quand les prêtres étaient persécutés et qu'on ne pouvait adorer Dieu qu'en cachette, bien souvent un ministre du Seigneur venait ici à la dérobée célébrer la messe et administrer les sacrements.

— Et vous n'avez pas été inquiétés par les autorités de ce temps-là? car c'était vous exposer à la prison au moins, et peut-être à la mort.

— Non, Monsieur, nous n'avons même pas été dénoncés; mais il faut vous dire que mon mari était déjà maire de la commune à cette époque, car il l'est depuis plus de trente ans. Il était donc la première ou plutôt la seule autorité du village; il était déjà aimé et respecté de tous les habitants, et il n'y en a pas un qui eût songé à lui causer de la peine. Tous cependant savaient que nous recevions ici des prêtres, et ils venaient, en aussi grand nombre que la chambre pouvait en contenir, assister aux

offices, se confesser, communier, faire bap-
tiser leurs enfants ou bénir leur mariage.
C'était même, à un certain point de vue
s'entend, plus commode dans ce temps-là
qu'à présent; car mon mari enregistrait la
naissance d'un enfant ou dressait l'acte civil
d'un mariage en même temps que le prêtre
baptisait le nouveau-né et administrait le
sacrement de mariage aux nouveaux époux,
tandis que maintenant, après s'être présenté
ici pour remplir les formalités exigées par
la loi, il faut aller à la paroisse à Fontenoy
pour les baptêmes, les mariages et les en-
terrements; or il y a une bonne lieue d'ici,
et dans l'hiver les chemins sont quelquefois
bien mauvais.

— Comment! repris-je, vous n'avez pas
d'église ici?

— Non, Monsieur, nous n'avons qu'une
pauvre petite chapelle, où un vicaire de la
paroisse vient dire une messe basse le dimanche et les jours de grande fête; encore

n'y a-t-il que huit à dix ans que mon mari, à force de sollicitations auprès de monseigneur l'évêque de Nancy, a pu obtenir cette faveur, à condition toutefois que la chapelle, qui tombait presque en ruines, serait réparée et entretenue convenablement. Mon mari s'y est engagé; mais la commune est si pauvre, que c'est lui qui a été obligé de faire tous les frais.

— Comme c'est lui aussi, ajoutai-je, qui fournit à la commune un local pour une mairie et une école, et qui peut-être encore paie un instituteur.

— Oh! non, monsieur, l'instituteur ne lui coûte rien; car c'est lui qui en fait les fonctions, *gratis*, bien entendu, ou bien, s'il en est empêché, c'est un de mes fils qui remplit cette tâche. »

La conversation que j'avais eue avec le père Mancel en déjeunant m'avait déjà prévenu en sa faveur; mais ce que je venais d'apprendre par sa femme, dont le langage simple et naïf était empreint d'un cachet de sincérité incontestable, acheva de me donner une haute idée du caractère de mon hôte, de son amour du bien et de son dés-intéressement.

Tout en continuant de causer avec la bonne femme, et tandis qu'elle débarrassait deux des tiroirs de la commode pour pouvoir y loger mes effets, je faisais un inventaire plus détaillé des objets qui garnissaient ma chambre. Je m'approchai d'abord des rayons chargés de livres. Je remarquai plusieurs volumes de nos auteurs classiques, mais aucune édition complète de leurs œuvres; quelques volumes de choix des auteurs du xviii° siècle; quelques livres de poésie, tels que les œuvres de Gresset et de Gilbert, à côté de la Maison rustique; puis venaient plusieurs grammaires, des traités d'arithmétique, de géométrie, et autres ouvrages évidemment destinés à l'enseigne-ment. Les rayons supérieurs étaient garnis par la collection du Bulletin des lois et des recueils administratifs du département. En poursuivant mes investigations, je m'arrêtai devant le petit buste qui ornait la cheminée. Je remarquai que la tête était ceinte d'une couronne d'immortelles; aucun nom n'était inscrit sur le socle, mais on y avait gravé les stances suivantes :

Au banquet de la vie infortuné convive,
      J'apparus un jour, et je meurs;
Je meurs, et sur ma tombe, où lentement j'arrive,
      Nul ne viendra verser des pleurs.

Salut, champs que j'aimais, et vous, douce verdure,
      Et vous, riant exil des bois!
Ciel, pavillon de l'homme, admirable nature,
      Salut pour la dernière fois.

Ah! puissent longtemps voir votre beauté sacrée
      Tant d'amis sourds à mes adieux!
Qu'ils meurent pleins de jours; que leur mort soit
      Qu'un ami leur ferme les yeux!   [pleurée!

Je savais depuis longtemps par cœur ces strophes touchantes, qui terminent l'ode

composée par l'infortuné poëte Gilbert
quelques jours avant sa mort; je me rappe-
lai alors qu'il était né dans ce pays, et je
compris cet hommage rendu par mon hôte
à un compatriote, qu'il avait peut-être
connu dans sa jeunesse. « C'est sans doute
un buste de Gilbert? dis-je à mon hôtesse,
moins pour m'assurer de ce qui, pour moi,
ne pouvait faire l'objet d'un doute, que
pour savoir si quelques souvenirs du malheureux poëte subsistaient encore dans la
mémoire de ses compatriotes.

— Oui, c'est le buste de *monsieur* Gilbert,» répondit-elle sèchement en appuyant
sur le mot monsieur, pour me faire comprendre sans doute que je me montrais fort
peu révérencieux envers un homme d'une
si grande renommée, en l'appelant tout
court par son nom. La bonne femme ne se
doutait pas que le titre de monsieur ne se
donne jamais à un auteur mort, ou même à
un auteur vivant qui jouit d'une grande

célébrité. Pour ne pas la contrarier, je repris en souriant :

« Mais ce M. Gilbert était, je crois, de ce pays; l'auriez-vous connu? »

Reprenant alors son air gracieux, elle dit en ouvrant une des croisées : « Il est né dans la troisième maison que vous apercevez d'ici sur votre droite; je ne l'ai pas connu, moi, ce cher monsieur; j'étais trop jeune quand il a quitté le pays; mais mon mari a été son camarade d'enfance, et ils ont été en correspondance ensemble tant que le pauvre cher monsieur a vécu.

— Comment! m'écriai-je, votre mari a été lié avec lui!

— Qu'y a-t-il à cela d'étonnant? ils étaient voisins, à peu près du même âge, sauf que mon mari était un peu plus jeune; ils allaient ensemble à l'école, ils avaient les mêmes goûts, au point que Jérôme (c'était le prénom de son mari) voulait accompagner son ami Laurent, comme il appelait M. Gilbert, quand il partit pour Paris.

— Et pourquoi ne l'a-t-il pas accompagné?

— D'abord, parce qu'il était trop jeune, ensuite...; mais c'est toute une histoire qu'il serait trop long de vous dire en ce moment, et que d'ailleurs mon mari vous racontera mieux que moi, si cela peut vous intéresser. »

Sans doute cela m'intéressait beaucoup, et je ne manquai pas, quand je me retrouvai avec le père Jérôme Mancel, d'amener la conversation sur ce sujet. Il ne fit aucune difficulté de me raconter les particularités de sa jeunesse qui se lient avec celle de Gilbert; je revins fréquemment sur ces détails pendant le temps de mon séjour chez lui, et c'est d'après les notes recueillies de sa bouche, et de celle de quelques anciens habitants de la petite ville de Fontenoy, que j'ai composé le récit qu'on va lire.

CHAPITRE II

L'enfance des deux poëtes.

Voici en quels termes le bonhomme Mancel me raconta les premières années de sa vie et de celle de son ami :

« Gilbert (il ne disait pas M. Gilbert, comme sa femme) est né dans ce village vers la fin de 1751 ; il reçut au baptême les prénoms de Nicolas-Joseph-Laurent, mais on ne l'appelait que de ce dernier nom. Moi, je suis né dans les commencements de 1754 ; de sorte qu'il n'avait guère que deux ans de plus que moi. »

Ici je fis observer à mon interlocuteur que toutes les biographies que j'avais lues portaient que Gilbert était né à Fontenoy même, et non pas dans un village voisin : était-ce donc une erreur?

« Non, me répondit-il, parce qu'autrefois notre village faisait partie, comme il le fait encore aujourd'hui, de la paroisse de Fontenoy-le-Château; ce n'est qu'à la révolution que nous avons formé une commune séparée, tout en continuant à rester paroissiens de Fontenoy. »

Ce point éclairci, il reprit son récit.

« Ses parents, comme les miens, étaient de pauvres cultivateurs qui gagnaient péniblement leur vie. Laurent perdit sa mère de bonne heure, et moi, un an après, je devins orphelin de père et de mère. Je fus recueilli par deux sœurs de mon père qui demeuraient ensemble à Fontenoy, et qui n'avaient jamais été mariées. Elles habitaient une pauvre chaumière, et n'avaient d'autres moyens d'existence que leur travail et le produit d'un petit jardin attenant à leur chaumière. Ma tante aînée, qui se nommait Claudine, était couturière, et ne manquait pas d'ouvrage ; la cadette, appelée Nanette, cultivait le jardin, prenait soin d'une chèvre et de quelques poules, et souvent, dans la belle saison, allait travailler aux champs pour le compte des fermiers qui voulaient bien l'employer. Pendant l'hiver, elle filait, ou bien aidait à sa sœur dans ses travaux de couture quand l'ouvrage était trop pressé.

« Ma tante Claudine était vive, spirituelle, enjouée ; elle avait la repartie prompte et toujours le mot pour rire. Elle passait de plus pour savante ; car elle savait lire et écrire, ce qui était fort rare à cette époque parmi les femmes de la campagne. Ma tante Nanette était une excellente personne, mais fort simple et d'une intelligence peu développée. Elle regrettait beaucoup de n'avoir

pu apprendre à lire et à écrire comme sa
sœur, ce qui la privait de lire comme elle
les belles prières et les touchantes médita-
tions qui se trouvent dans les livres de piété,
et la forçait de se borner à réciter son cha-
pelet et quelques autres prières orales qu'elle
avait apprises par cœur. Malgré la différence
de leur caractère, de leurs goûts, de leurs
aptitudes, les deux sœurs s'aimaient tendrement; seulement l'aînée exerçait sur la cadette une sorte d'autorité maternelle que
celle-ci, loin de s'en plaindre, acceptait
avec une déférence toute filiale. Il y avait
aussi sous le rapport physique une grande
différence entre elles : tante Claudine était
petite, toute rondelette, toute grassouillette;
son visage était frais, bien rempli, et son
menton était double. J'ai entendu dire
qu'elle avait été fort jolie dans sa jeunesse,
ce que je crois facilement, car elle avait
encore conservé les traces de son ancienne
beauté à l'époque où je l'ai connue. Tante

Nanette était plus grande, plus maigre, plusrobusteque sa sœur. Son visage allongé et sillonné de rides, son teint hâlé par le grand air et le soleil, la faisaient paraître plus vieille que sa sœur. Màlgré ces différences physiques et morales, il y avait entre elles un point de ressemblance parfaite : c'était une foi vive et sincère, et une piété profonde. Je pourrais y joindre encore l'attachement qu'elles me portèrent l'une et l'autre dès qu'elles m'eurent recueilli chez elles, et qu'elles m'ont conservé toute leur vie.

« J'avais cinq ans à peine lorsque, pauvre orphelin, je fus reçu par ces bonnes tantes et devins leur enfant adoptif. Plus d'un demi-siècle s'est écoulé depuis que je les ai perdues, et leur souvenir est resté aussi présent à ma mémoire que si c'était d'hier; je ne saurais me le rappeler ni en parler sans attendrissement.

« Toutes deux se partagèrent mon éduca-

tion et l'emploi de mon temps. Dès que je fus
assez grand, ma tante Nanette m'emmena
avec elle au jardin ou dans les champs; je lui
aidais, selon mes forces, dans ses travaux,
et elle m'apprenait à connaître les plantes,
leur usage, leur culture. Quand l'hiver ou
le mauvais temps me faisait rester à la
maison, tante Claudine m'apprenait à lire
et à commencer à écrire. Pour exercer ma
mémoire, elle me faisait apprendre et réciter des fables de la Fontaine, exercice qui
me plaisait beaucoup et qui contribua en
partie à m'inspirer le goût que je ressentis
plus tard pour la poésie. Je fis des progrès
assez rapides, et ma bonne tante jugea bientôt que j'avais besoin d'un maître plus instruit et plus expérimenté qu'elle.

« Il y avait alors à Fontenoy un jeune
homme fort instruit, qui avait fait ses études
sous les jésuites au célèbre collège de l'Arc,
à Dôle, en Franche-Comté. Il avait eu le
projet, après ses classes terminées, d'entrer

dans cet ordre; mais au moment où il allait commencer son noviciat, les pères, qui prévoyaient la mesure terrible dont leur ordre allait être frappé (1), se décidèrent à ne plus recevoir de novices. Claude Vougier, c'était le nom de ce jeune homme, vint se fixer à Fontenoy, où, par les conseils de plusieurs des notables habitants du pays, il fonda une école où il enseignait depuis la lecture et l'écriture jusqu'aux humanités inclusivement.

« En peu de temps son école fut très-fréquentée, non-seulement par les enfants des plus riches habitants de la paroisse, mais par des fils d'artisans et de simples cultivateurs. Au nombre de ces derniers se distinguait surtout Laurent Gilbert, dont les progrès avaient été si rapides que bientôt, au dire de M. Vougier, il n'aurait plus rien à lui apprendre. Le père Gilbert, encouragé

(1) Les jésuites furent chassés de France en 1762.

par les éloges qu'il entendait faire de son fils, n'épargnait rien pour subvenir aux frais de son éducation et de son instruction. Comme il était loin d'être riche, ses modestes épargnes furent promptement épuisées, et il fut bientôt réduit à vivre de privations. Quelques-uns le blâmaient de se ruiner pour faire de son fils un savant. « Que m'importe si je me ruine? répondait-il; je sème pour recueillir au centuple. L'instruction et les talents que je procure à mon fils sont une fortune bien autrement précieuse que quelques écus ou quelques arpents de terre que je pourrais lui laisser en héritage. »

« Ma tante Claudine était de l'avis du père Gilbert. « Vous avez raison, lui disait-elle, mon compère. » Elle avait été marraine d'une sœur de Laurent qui était morte. « Oui, l'instruction et les talents sont une belle chose! et je veux faire pour mon neveu Jérôme ce que vous faites pour

Laurent. » Et elle m'envoya à l'école de
M. Vougier.

« Je n'ai pas la présomption de croire que
j'avais les heureuses dispositions de Laurent Gilbert, mais enfin je ne manquais pas
d'une certaine aptitude et surtout d'un goût
prononcé pour l'étude. Encouragé par ma
tante, excité par l'exemple et les conseils
de Laurent, avec qui j'étais lié d'une étroite
amitié, je franchis avec assez de facilité les
premières difficultés de la grammaire, soit
française, soit latine.

« Depuis que je faisais mes classes, mon
temps était entièrement absorbé par l'étude,
et j'avais cessé d'accompagner tante Nanette
dans les travaux des champs. Elle en était
contrariée; mais elle n'osait s'en plaindre,
puisque sa sœur l'avait ainsi décidé. D'un
autre côté, comme elle s'imaginait que l'on
ne pouvait apprendre le latin que pour se
faire prêtre, elle serait heureuse, disait-
elle, de me voir suivre la carrière ecclésias-

tique. Déjà elle me voyait vicaire ou même curé d'une petite paroisse de campagne; elle viendrait avec tante Claudine habiter mon modeste presbytère, et tandis que sa sœur s'occuperait de la cuisine et de l'intérieur du ménage, elle soignerait le jardin de son neveu le curé, sa basse-cour, sa vache, etc.; car alors, au lieu d'une chèvre, elle aurait une vache. C'était là le rêve de ma bonne tante Nanette, le *nec plus ultra* de son ambition.

« Tante Claudine avait bien d'autres idées; elle me croyait un phénix, et même elle prétendait que je surpasserais Laurent Gilbert, dont on parlait comme d'un petit prodige. Elle n'avait pas la prétention de diriger ma vocation : elle voulait me laisser entièrement libre à cet égard; mais elle était persuadée que, quel que fût l'état que j'embrasserais, je le remplirais d'une manière distinguée et tout à fait hors ligne. Elle eût peut-être bien, comme sa sœur,

désiré me voir entrer dans le saint minis-
tère, mais c'était avec l'espoir que je m'é-
lèverais rapidement aux dignités ecclésias-
tiques, et que je ne serais pas réduit à
végéter dans un simple vicariat ou dans
une pauvre cure à portion congrue.

« Tante Nanette ne comprenait rien aux
idées et aux scrupules de sa sœur, et elle se
permit une fois de lui demander des expli-
cations. « Puisque Jérôme, lui dit-elle,
t'inspire de si belles espérances, et pour ma
part je les crois bien fondées, pourquoi ne
pas pousser cet enfant dans cette voie ?

« — Parce que, si ce n'est pas sa vocation, je serais au désespoir de l'avoir engagé
à prendre un état auquel il ne serait pas
appelé, surtout un état d'où il ne lui serait
plus permis de sortir une fois qu'il y serait
entré.

« — Mais puisque tu n'es pas sûre qu'il
se fasse prêtre, à quoi bon lui faire apprendre le latin ? Il n'est pas assez riche pour

arriver à aucune des autres fonctions pour lesquelles l'instruction que tu lui fais donner est nécessaire : il ne peut devenir ni médecin, ni avocat, ni juge, ni notaire; s'il n'est pas prêtre, il ne peut être que cultivateur ou artisan : et à quoi, je te le demande, lui serviront le latin et toutes les belles choses qu'il apprend, pour être laboureur, menuisier ou cordonnier?

« — A quoi cela lui servira? à mieux conduire sa charrue s'il est laboureur, à mieux pousser son rabot s'il est menuisier; et, ne fût-il que savetier, il sifflerait mieux son sansonnet qu'un autre. »

« A cette réponse faite d'un ton sec et décidé, tante Nanette comprit qu'elle ne pouvait répliquer sans engager avec sa sœur une discussion qu'elle ne voulait ni ne pouvait soutenir. Elle se contenta donc de soupirer en silence, et elle sortit pour aller travailler. Du reste, elle savait qu'au fond sa sœur partageait ses idées et ses espérances; puis, ce qui la rassurait encore plus, c'est qu'elle croyait avoir remarqué en moi des dispositions on ne peut plus favorables à la réalisation de ses désirs. En effet, je me préparais à cette époque à faire ma première communion, et les sentiments de foi et de piété que je manifestais étaient, aux yeux de tante Nanette, autant d'indices de ma vocation sacerdotale. Après l'accomplissement de ce grand acte de la vie chrétienne, ma conduite continua à entretenir mes bonnes tantes dans leurs espérances, et plus d'une fois même je manifestai hautement le désir de mériter un jour d'être élevé à la dignité de ministre de Jésus-Christ.

« A cette époque, ma liaison avec Laurent était devenue plus intime. Souvent, le dimanche ou les jours de congé, nous nous promenions dans la campagne; il me récitait des vers qu'il avait composés, et que je trouvais admirables, car déjà son goût pour la poésie était tout à fait prononcé; ou

bien nous lisions ensemble les fables de la
Fontaine, les satires, les épîtres, l'Art poétique de Boileau, les odes et les cantates de
J.-B. Rousseau. Il me faisait remarquer les
beautés de ces auteurs, la justesse de leurs
images, l'harmonie et la richesse de leur
poésie. Les objets que nous rencontrions à
chaque instant dans la campagne lui four-
nissaient des exemples à l'appui de ses remarques. Voyait-il un chariot traîné par
des bœufs, aussitôt il me récitait ces vers
de Boileau:

Quatre bœufs attelés, d'un pas tranquille et lent,
Promenaient dans Paris le monarque indolent;

ou, si nous apercevions un laboureur con-
duisant une charrue, les mouvements lents
et pénibles de son attelage lui rappelaient
ces vers du même poëte où il dit qu'au
temps de l'âge d'or « la terre, pour pro-
duire le blé,

N'attendait pas qu'un bœuf, pressé de l'aiguillon,
Traçât à pas tardifs un pénible sillon. »

« Mais c'était surtout le bon la Fontaine
dont il aimait à me faire remarquer la finesse
d'observation, la justesse de coup d'œil,
jointes à une inimitable naïveté, dans la
description qu'il a faite des mœurs, du caractère des animaux, ou dans la manière
admirable dont il a su les faire agir et parler. D'autres fois, il laissait de côté les ouvrages des poëtes, et, me faisant contempler
un site pittoresque, il s'écriait avec enthousiasme : « D'ailleurs qu'est-il besoin, à celui qu'anime le feu sacré, de livres écrits
par les hommes pour admirer les beautés
qu'étale le livre de la nature, où la main
de Dieu lui-même a tracé le magnifique
tableau de ses créations? Le lever et le coucher du soleil, les plantes, les animaux, les
prairies, les bois, la verdure, le chant des
oiseaux, ne présentent-ils pas le spectacle le
plus varié et le plus sublime qu'il soit donné
à l'homme de contempler, et le plus capable
d'exciter le feu et l'enthousiasme du poëte? »

« Maintes fois je l'ai vu, après ses accès d'enthousiasme, se plonger dans de profondes réflexions, et s'isoler en quelque sorte du reste du monde ; il ne me voyait plus, il ne m'entendait plus, il ne paraissait pas se douter de ma présence. Tantôt il se promenait à grands pas, tantôt il s'asseyait au bord d'un ruisseau ou au pied d'un arbre ; là tout à coup il prenait son crayon, et, les joues enflammées, les yeux ardents, sa main courait sur ses tablettes, et y répandait les vers brûlants échappés à sa verve, comme la lave qui déborde du cratère d'un volcan en éruption.

« A mon âge, avec mes dispositions et surtout avec de pareils exemples sous les yeux, on comprend que moi aussi je dus être atteint de la fièvre poétique. Laurent m'initia aux règles de la versification française, en entremêlant ses leçons de conseils pour diriger mes premiers pas dans les sentiers escarpés du Parnasse. Sous un tel

maître, je saisis promptement le mécanisme
du vers; je m'exerçai ensuite à sa mesure
et à sa cadence, ainsi qu'au maniement de
la rime; puis enfin j'essayai de composer
moi-même des vers d'après les principes
que m'avait enseignés mon jeune camarade.
Je lui montrai ces ébauches informes de ma
muse novice; il m'en faisait remarquer les
défauts, m'indiquait les corrections, et,
pour m'encourager sans doute, il ne manquait pas d'ajouter qu'en somme ces essais
promettaient beaucoup.

« Animé par ces encouragements, je me
mis au travail avec une nouvelle ardeur.
Je tentai alors de m'exercer dans le genre
lyrique, ainsi que cela arrive assez souvent
aux jeunes poëtes, qui, dans leur enthousiasme présomptueux, s'imaginent pouvoir
tout d'abord élever leur vol bien au-dessus
des nuages. J.-B. Rousseau, dont je savais
par cœur les odes sacrées et les cantates,
me servit de modèle. A son exemple, je

cherchais les sujets de mes chants dans les psaumes de David et dans les livres saints. Je ne pouvais sans contredit puiser à une source plus féconde et plus sublime, mais en même temps plus difficile à aborder. Gilbert essaya de m'en détourner en me répétant ce conseil de Boileau, renouvelé d'Horace : qu'avant de traiter un sujet il faut consulter longtemps son esprit et ses forces. « Rien n'est plus difficile, me disait-il, que de transporter dans nos langues modernes cette poésie si simple et si noble de l'Écriture. Nos plus grands poëtes l'ont tenté; quelquefois ils ont approché de leur modèle, et c'est là leur principal titre de gloire; mais jamais ils n'ont pu l'atteindre, et sont toujours restés au-dessous: eh bien ! te crois-tu capable de lutter avec Jean Racine, Jean-Baptiste Rousseau, Lefranc de Pompignan?»

« Cette fois les conseils de mon ami furent impuissants à me détourner de mon

projet. Je continuai en silence une traduction ou imitation, que j'avais commencée
depuis quelque temps, du psaume *Super
flumina Babylonis*, cette touchante élégie,
ce chant plaintif des tribus captives. Quand
j'eus terminé mon travail, je le portai à
Gilbert, en lui disant: «Voici ma réponse
à tes observations de l'autre jour. » Et je
me mis à lire mon ode. Dès la première
strophe, qui se terminait par ces vers, les
seuls que je veuille vous citer:

> Et nos harpes détendues,
> A des saules suspendues,
> Cessaient leurs tendres accords,

il cria bravo! me la fit répéter, et écouta
avec attention jusqu'à la fin. Il me la fit
recommencer encore une fois d'un bout à
l'autre, et enfin il s'écria :

Macte nova virtute, puer, sic itur ad astra (1).

« Bien, mon ami Jérôme, très-bien...;

(1) Courage, mon enfant, c'est ainsi qu'on s'élève
jusqu'au ciel.

oui, décidément tu as le feu sacré, et tu seras désormais mon frère en Apollon! »

« A partir de ce moment, je me dis, comme le Corrége en présence d'une peinture de Raphaël : « Et moi aussi, je suis poëte. »

———————

CHAPITRE III

Le chevalier de Biéville. — Départ de Laurent.

« Je ne vous raconterai pas toutes les folies, toutes les excentricités qui suivirent ce jour où Laurent m'avait en quelque sorte proclamé poëte, ni nos rêves brillants de gloire et d'avenir. Je me bornerai à vous dire que nous nous voyions déjà couronnés par l'Académie française et par bon nombre d'autres académies de province et de l'étranger; nos vers étaient lus, admirés, retenus dans la mémoire de tous, nos noms volaient de bouche en bouche par toute l'Eu-

rope, et ils allaient jusqu'à la postérité la plus
reculée. Les idées de fortune et de richesse
nous préoccupaient fort peu, et ne venaient
que bien loin après celles de gloire et de
renommée; d'ailleurs n'en seraient-elles pas
l'accessoire obligé? car nous ne pouvions
manquer d'être pensionnés par le gouverne-
ment, ou par des princes, ou par quelques
grands seigneurs amis des lettres, qui seraient enchantés de voir figurer leurs noms
dans une épître dédicatoire en tête de nos
œuvres. D'un autre côté, les libraires se
disputeraient nos productions, et nous les
achèteraient au poids de l'or; nous pouvions compter certainement sur une brillante et rapide fortune. Quel bonheur alors
pour nous de venir en aide à nos pauvres
parents, et d'entourer leur vieillesse de tout
le bien-être de l'aisance! car, je dois le dire
au moins pour atténuer la folie de nos châ-
teaux en Espagne, jamais, au milieu de nos
rêves dorés, Laurent n'oubliait son vieux

père, ni moi mes bonnes tantes, et toujours nous faisions à ces êtres chéris une large part dans notre fortune à venir.

« Mais pour voir nos rêves se réaliser il fallait un autre théâtre que le modeste pays que nous habitions. C'est ce que nous ne comprenions que trop, et souvent Laurent me disait en soupirant : « Qui viendra nous déterrer dans ce vallon ignoré des Vosges ? Nous risquons d'y vivre ou plutôt d'y végéter inconnus jusqu'à notre mort, comme ces fleurs brillantes qui naissent et meurent dans un désert, et qui eussent fait l'ornement des jardins des princes et des rois, si quelque voyageur intelligent les eût enlevées à leur solitude natale pour les transporter là où leurs couleurs et leurs parfums pouvaient être justement appréciés. »

Il ne faut pas oublier, ajouta le père Mancel, que c'est un jeune poëte qui parle, et la modestie n'est pas ordinairement la vertu des jeunes gens, et surtout des poëtes ; du reste, je partageais entièrement les idées de mon ami, et, quoique je fusse loin d'être aussi bon poëte, je n'étais pas plus modeste que lui. Je me désolais donc comme lui de notre isolement, lorsqu'une circonstance imprévue vint nous donner enfin l'espérance de sortir de l'obscurité.

« Quelque temps après la mort du roi Stanislas (1), un des seigneurs de la cour de

(1) Stanislas Leczinski, roi de Pologne, né à Lemberg en 1682, élu en 1704 à la place d'Auguste, détrôné par le roi de Suède Charles XII, et dépossédé par ce même Auguste après la mort de Charles XII. A la mort d'Auguste, il tâcha en vain, quoique avec l'appui de la France, de ressaisir la couronne. Enfin, par le traité de Vienne de 1736, il renonça au trône de Pologne, conserva le titre de roi, et reçut la souveraineté de la Lorraine et du duché de Bar sa vie durant, en dédommagement de son royaume de Pologne. Stanislas régna vingt-huit ans sur la Lorraine, dont il fit le bonheur, et où il mérita le surnom de *Bienfaisant*. Il favorisa les lettres, les sciences, les arts, éleva des monuments, et tint une cour brillante et polie, où il entretenait un grand nombre de gens de lettres. Il mourut en 1766, et la Lorraine fut alors réunie à la France. Sa fille, Marie Leckzinska, avait épousé le roi Louis XV en 1725.

ce prince, nommé le chevalier de Biéville, vint passer la belle saison à Fontenoy, où il avait quelques propriétés. C'était un personnage d'une soixantaine d'années, qui avait vécu à peu près toute sa vie dans les cours. Dans sa jeunesse, il avait été page du régent Philippe d'Orléans. En 1719, lorsque le roi Stanislas vint chercher un asile en France et se fixa à Weissembourg en Alsace, le duc d'Orléans chargea le chevalier de Biéville d'une mission auprès du roi détrôné. Ce prince se montra satisfait de l'envoyé du régent, et plusieurs autres fois le duc d'Orléans confia au chevalier des missions de même nature. Il paraît que M. de Biéville ne fut pas étranger aux négociations qui amenèrent le mariage de la fille du roi de Pologne avec le roi de France. Quoi qu'il en soit, à partir de cette époque, Stanislas lui montra une grande affection, et l'attacha à sa personne en qualité, je crois, de premier gentilhomme de sa chambre.

De son côté, le chevalier de Biéville se montra reconnaissant, mérite assez rare chez un courtisan, et se signala par son dévouement à son nouveau maître, qu'il ne quitta plus, dans la bonne comme dans la mauvaise fortune, jusqu'à sa mort.

« M. de Biéville était au fond doué d'excellentes qualités; malheureusement les défauts en quelque sorte inhérents au titre de courtisan les avaient ternies. Il était généreux, dévoué, toujours prêt à rendre service; mais en même temps il était léger, frivole, inconstant; d'une délicatesse outrée sur ce qu'il appelait le point d'honneur, il était loin d'être réglé dans sa vie et dans ses mœurs. Il avait connu à la cour de Lunéville la plupart des hommes de lettres et des philosophes célèbres du XVIIIe siècle, et il n'avait retiré de leur commerce qu'un goût douteux en littérature et beaucoup de scepticisme en matière de religion. . . . .

« Peu de jours après son arrivée à Fon-

tenoy, M. de Biéville visita l'école de
M. Vougier, et parut s'intéresser beaucoup au succès de ses élèves. Notre maître
ne manqua pas de lui parler de Laurent
Gilbert et même de moi, comme mon-
trant l'un et l'autre d'heureuses dispositions pour la poésie. Il lui lut une pièce
de vers que Laurent avait composée sur
la mort du roi Stanislas, et ma fameuse
traduction du psaume *Super flumina Babylonis*. Il parut enchanté, et demanda
à voir « les deux jeunes nourrissons des
Muses qui avaient trouvé le Parnasse
dans les montagnes des Vosges, et la
fontaine d'Hippocrène dans les eaux de la
Moselle ».

« Le lendemain, M. Vougier nous pré-
senta à M. de Biéville. Il nous fit un accueil
charmant; on ne pouvait rien voir de plus
aimable et de plus gracieux que ce vieillard, véritable type du gentilhomme français du xviiie siècle. En un instant, la ti-

midité et l'embarras que j'avais éprouvés
en entrant se dissipèrent. Gilbert se mit
encore plus à son aise, et dès cette première entrevue il parla au chevalier du
désir qu'il avait de se lancer sur un plus
grand théâtre. M. de Biéville l'approuva,
en ajoutant avec un soupir : « Quel dom-
mage que notre bon roi Stanislas soit
mort! Vous auriez trouvé en lui un protecteur zélé, qui vous eût donné de cha-
leureux encouragements; car il était heureux chaque fois qu'il rencontrait, parmi
les enfants de cette Lorraine qu'il aimait,
des talents en germe qui semblaient n'attendre pour se développer qu'un rayon
de sa protection bienveillante... Mais, j'y
pense, ajouta-t-il après avoir un instant
réfléchi, à défaut du père nous avons la
fille, Sa Majesté la reine de France; elle
aime aussi à protéger les lettres, et elle
accueillera avec faveur le jeune poëte qui
a écrit des vers si touchants sur la mort de

son père. Savez-vous ce qu'il faut faire, mon jeune ami? continua-t-il en s'adressant à Gilbert; il faut dédier votre ode sur la mort du roi Stanislas à la reine de France elle-même; je me charge de l'envoyer à Versailles, et de la faire mettre sous les yeux de Sa Majesté. »

« Gilbert, enchanté de cette idée, remercia avec effusion le chevalier, et prit congé de lui, en annonçant qu'il allait travailler avec ardeur à sa dédicace. Trois jours après, il retourna chez lui avec l'épître dédicatoire terminée. Ce morceau fut trouvé encore plus beau que l'ode elle-même, et le chevalier annonça qu'il ferait partir le tout par le prochain courrier, avec de pressantes recommandations.

« Laurent était dans un ravissement inexprimable; il voyait enfin tous ses rêves sur le point de se réaliser. « Aussitôt, me disait-il, que j'aurai reçu la réponse de la reine, je partirai pour Paris; là j'obtiendrai bientôt un emploi convenable, et, une fois solidement établi, je t'appellerai auprès de moi.

« — Est-ce que tu ne crains pas, lui répondis-je, que ton père ne s'oppose à ce voyage?

« — Mon père! il est émerveillé de tout ce que m'a dit le chevalier de Biéville, et il n'aura garde de s'opposer à ce qu'il appelle un coup de fortune inattendu.

« — Oh! bien, mes tantes ne sont pas si enthousiasmées; ma tante Nanette surtout pleure rien qu'à l'idée de me voir partir; ma tante Claudine en est moins effrayée, mais elle prétend que je suis trop jeune pour entreprendre maintenant un pareil voyage, et, quoique mieux disposée que sa sœur et plus confiante dans mon avenir, elle ne consentirait pas, quant à présent, à notre séparation.

« — Je le comprends, reprit Gilbert; tu

es, en effet, bien jeune, et ton bagage littéraire est encore bien léger. Laisse-moi partir en avant, j'irai te préparer les voies.
Une fois casé convenablement, je t'appellerai auprès de moi, et nous trouverons
moyen alors de faire taire les scrupules et
les craintes de tes tantes. »

« Tel fut, avec quelques variations, le
sujet constant de nos entretiens pendant les
jours qui suivirent l'envoi de l'œuvre de
Gilbert à la reine.

« Cependant le temps s'écoulait; les semaines succédaient aux semaines, les mois
aux mois, et la réponse n'arrivait pas.
M. de Biéville, impatienté, écrivit une
seconde ou une troisième fois à son correspondant, et en reçut enfin une réponse que
je puis résumer en ces termes: « La reine
« est souffrante depuis la mort de son père;
« on craint, en lui mettant sous les yeux
« la pièce de vers de votre protégé, de ré-
« veiller en elle une douleur encore trop

« récente. M. de Moncrif (1) a lu les vers
« de votre jeune poëte lorrain ; il les a trou-
« vés fort bien, et a dit à la personne qui
« les lui a présentés que ces vers annon-
« çaient un talent d'élite qui méritait cer-
« tainement d'être encouragé ; il a ajouté
« que dès que la santé de Sa Majesté le
« permettrait, il se ferait un vrai plaisir de
« lui soumettre cette œuvre poétique. » Le
correspondant du chevalier terminait sa
lettre par ces réflexions : « Je regrette de
« n'avoir pu faire davantage pour votre
« protégé ; mais si j'ai un conseil à lui
« donner, c'est de venir à Paris, où vous
« pouvez le recommander à quelques-uns
« de ceux qui tiennent en ce moment le
« sceptre des lettres et qui trônent sur

(1) De Moncrif, écrivain spirituel, à la fois poëte et
musicien, né en 1687. Il était honoré de la bienveillance
de la reine Marie Leckzinska, qui le nomma son lecteur
en 1734, et qui se reposait sur lui d'une partie des bienfaits qu'elle aimait à répandre.

« l'Hélicon. Si un ou deux de ces per-
« sonnages importants veulent bien le
« patronner, ce sera plus avantageux pour
« lui que la protection de Moncrif, qui se
« fait vieux, très-vieux, et même que celle
« de la reine, qui, j'en ai grand'peur, ne
« se relèvera jamais du mal dont elle est
« atteinte. Dans tous les cas, si la santé de
« la reine se rétablissait, et que Moncrif
« parvînt à l'intéresser en faveur de votre
« jeune protégé, il serait toujours à propos
« qu'il fût là pour ressentir directement les
« effets de la protection royale, qui sans
« cela iraient en s'affaiblissant par l'éloi-
« gnement. »

« M. de Biéville fut de l'avis de son correspondant, et, comme on le pense bien,
Laurent y acquiesça avec enthousiasme.
Le père Gilbert fit quelques objections fondées sur ce qu'il avait à peine de quoi fournir aux frais du voyage : comment ferait
son fils pour vivre à Paris en attendant

qu'il eût trouvé une place? « Soyez sans inquiétude, mon père, répondit Laurent; j'ai là de quoi faire votre fortune et la mienne, et de quoi vous rendre fier de m'avoir donné le jour. » Et en disant ces mots il tirait de sa poche un manuscrit d'une centaine de pages, en ajoutant: « Chacun de ces feuillets vaut une lettre de change, et est un passe-port pour l'immortalité.

« — Bien, mon jeune ami, reprit le chevalier, j'aime cet enthousiasme et cette noble confiance dans vos forces; cependant ces feuillets, quoique devant un jour vous procurer gloire et fortune, ne sont en réalité que des traites à longue échéance tirées sur le public, et jusqu'à ce qu'il y ait été fait honneur, il ne serait pas hors de propos, comme le pense votre père, d'être muni d'un papier d'une négociation plus facile et que vous pourriez changer contre des espèces en arrivant. Je ne suis pas fort

riche, et je n'ai pour toute fortune que ce
que je dois aux libéralités de mon bien-
aimé maître, le feu roi Stanislas; sans cela
je me ferais un plaisir de vous avancer les
sommes qui vous seront nécessaires jusqu'à
ce que vous ayez trouvé un emploi qui
vous donne une existence honorable et
facile. Seulement je puis, sans me gêner,
vous offrir ce billet de trois cents livres à
toucher précisément chez mon ami à qui
j'ai déjà parlé de vous, et qui vous porte
un véritable intérêt... Ce n'est pas un don
que je vous fais, se hâta-t-il d'ajouter,
comme s'il eût craint de blesser la délicatesse du père et du fils; ce n'est qu'une
simple avance, que vous me rembourserez
quand vous le pourrez et que cela ne vous
gênera pas. » Puis à ce billet il joignit des
lettres de recommandation pour Voltaire,
Buffon; Diderot, Raynal, Marmontel,
d'Alembert, Laharpe, et le chevalier de
Boufflers; il avait particulièrement connu

ce dernier à la cour du roi Stanislas, et il le chargeait d'appuyer son jeune protégé auprès des hommes célèbres que nous venons de nommer, tous grands philosophes, grands écrivains, mais fort peu charitables, fort peu compatissants. Ces noms, qui occupaient alors toutes les bouches de la renommée, firent palpiter le cœur de Laurent; il se vit en un instant riche et célèbre comme eux, ne comprenant guère alors, le pauvre enfant, à quel prix cette richesse avait été amassée, ni de quelle nature était cette célébrité.

« On s'occupa aussitôt des préparatifs de son voyage. Dans ce temps-là il n'y avait pas de diligences; les grands seigneurs voyageaient en chaise de poste, les bourgeois et les commerçants allaient à cheval, ou pour les longs voyages se servaient du coche, voiture publique, qui partait une fois ou deux par semaine, et mettait dix

jours au moins pour aller de Nancy à Paris.
Tous ces modes de voyager ne pouvaient
convenir à la bourse de Laurent; aussi fut-
il décidé qu'il ferait la route à pied. Mais
quoique cette manière fût la plus écono-
mique, encore ne pouvait-il l'employer sans
argent de poche pour payer sa nourriture
et son coucher le long de la route. Le billet
du chevalier ne lúi était d'aucun secours
pour cet usage, et d'ailleurs il ne devait pas
songer à l'escompter, quand même cela eût
été possible, sans s'exposer à manquer de
ressources en arrivant à Paris. Le père Gilbert, après s'être saigné pour fournir les
articles les plus nécessaires de vêtements,
de linge et de chaussure, ne pouvait donner
à son fils que trois écus de trois livres. Ce
triste dénûment faillit faire manquer le
voyage de Laurent. Il en était désespéré, et
moi je m'en désolais avec lui. Aveugles que
nous étions! oh! qu'il eût mieux valu pour
lui que cet obstacle n'eût pu être surmonté,

et qu'il eût été forcé de rester au pays! Mais
ma tante Claudine, qui partageait notre
aveuglement, et qui voyait dans Laurent
un futur grand homme dont l'amitié me
conduirait peut-être un jour moi-même
à la gloire et à la fortune, s'empressa de
mettre à la disposition de son compère une
dizaine d'écus, fruit de ses économies.
Cette somme, jointe à celle que son père lui
avait donnée, formait un total de trente-
neuf francs et composait tout le viatique du
jeune voyageur. C'en était assez, d'après le
calcul des anciens, pour fournir aux dépenses de la route, et même pour passer
les premiers jours à Paris, car dans ce
temps-là on vivait et l'on voyageait à bien
bon marché.

« Enfin le jour du départ arriva. Tous
les parents et les amis de la famille se réu-
nirent chez le père Gilbert; je n'ai pas besoin de vous dire que ma tante Claudine
et moi nous étions des premiers. Chacun,

excepté moi, lui donna des conseils et l'embrassa en versant des larmes, comme si l'on eût prévu le sort qui l'attendait. Son vieux père le bénit; Laurent, après avoir serré plusieurs fois le vieillard contre son cœur, me prit le bras, tandis que de son autre main il cachait son visage et essuyait ses pleurs, et nous sortîmes tous deux en silence. Les gens du village, en le voyant passer devant leurs portes, ôtaient leurs chapeaux pour le saluer en lui disant : « Allons, monsieur Laurent, bon voyage, bonne chance, du courage, ne nous oubliez pas. »

« Il était convenu que je le conduirais jusqu'à une certaine distance. Quand nous eûmes dépassé les dernières maisons et que nous nous trouvâmes seuls sur la grande route, Laurent donna un libre cours aux vives émotions qu'il éprouvait depuis le matin et qu'il avait eu tant de peine à contenir. Moi-même je n'étais guère moins

ému que lui, et nous marchâmes longtemps bras dessus bras dessous, en gar-
dant un profond silence, interrompu seulement par des soupirs et des sanglots
étouffés.

« Nous arrivâmes ainsi jusque sur une
colline d'où l'on découvrait Fontenoy et
tous les environs. Avant d'aller plus loin, et
de descendre la pente opposée à la montée
que nous venions de parcourir, il s'arrêta,
et se retourna pour jeter un dernier coup
d'œil sur le pays qui l'avait vu naître et où
il avait passé les heureuses années de son
enfance et de son adolescence. En ce moment ses sanglots redoublèrent; je le sentis
s'appuyer avec plus de force sur mon bras,
comme s'il eût été près de défaillir. Tout
inquiet, je m'écriai : « Mon cher Laurent,
je pense que nous n'avons ni les uns ni les
autres calculé combien cette séparation
serait cruelle. Renonce, crois-moi, à une
entreprise au-dessus de tes forces, et re-

viens avec moi auprès de ton vieux père, qui sera si heureux de te revoir. »

« A peine avais-je dit ces mots, que, quittant mon bras brusquement, il me regarda en face et me dit presque d'un ton de reproche :

« — Moi renoncer à une entreprise qui m'apparait si brillante et si riche d'avenir! oses-tu me le proposer, toi mon ami, toi qui connaissais depuis longtemps et qui paraissais partager mes espérances de gloire? Si la séparation de tout ce qui m'est cher m'a causé une impression douloureuse, ce n'est pas une raison pour abandonner ainsi mes nobles projets; ce n'est souvent qu'au prix des plus cruels sacrifices que les succès réels et durables peuvent s'acheter. Maintenant que j'ai payé le tribut bien naturel qu'imposait à mon cœur cette pénible séparation, je vais marcher avec courage, et même avec joie, vers le but que je veux atteindre à tout prix. Pour t'en convaincre, accompagne-moi encore quelque temps, et tu n'apercevras plus en moi aucun signe de faiblesse qui te fasse encore douter de mes résolutions. »

« A ces mots, il reprit résolûment son chemin, sans plus se retourner; nous descendîmes rapidement la colline dont le sommet lui dérobait la vue de son pays natal. Je l'accompagnai jusqu'à un village situé à trois lieues de Fontenoy. Sa conversation était redevenue animée, presque enjouée par moments. Il me promit de me donner de ses nouvelles aussitôt après son arrivée à Paris; quand nous nous séparâmes, s'apercevant que je pleurais, il me dit en souriant : « Allons, enfant, assez d'attendrissement comme cela pour aujourd'hui; songe que nous nous reverrons bientôt, dans un an au plus tard, je l'espère; aussi je ne te dis pas adieu, mais au revoir. »

« Puis nous nous embrassâmes une dernière fois ; il continua la route d'un pas ferme, et moi je repris tristement le chemin de Fontenoy-le-Château. C'était bien un adieu éternel que nous venions de nous adresser, car je ne devais jamais le revoir ! »

CHAPITRE IV

Arrivée de Laurent à Paris.

« Près d'un mois s'écoula avant qu'on reçût des nouvelles du pauvre Laurent. Nous commencions à être inquiets, lorsque enfin un paquet arriva à l'adresse de son père. Il contenait une longue lettre au père Gilbert, une autre à M. le chevalier de Biéville, et enfin un billet pour moi m'annonçant que dans quelques jours je recevrais une lettre volumineuse, ou plutôt un journal contenant les détails de tout ce qui lui était arrivé depuis l'instant de notre séparation jusqu'au moment où il m'écrivait.

« La lettre annoncée me parvint trois semaines après. C'était bien, comme il l'avait dit, un véritable journal, contenant seize à vingt pages d'une écriture fine et serrée. Plus des trois quarts étaient consacrés au récit de son voyage jusqu'à son arrivée à Paris ; le reste contenait les détails de son séjour dans cette ville. Je vais vous résumer le plus brièvement possible le contenu de cette volumineuse épître, après vous en avoir lu le début.

« Lorsque je te quittai, me disait-il en
« commençant, j'avais le cœur bien gros,
« plus gros que je ne voulais le faire pa-
« raître, pour ne pas augmenter ton afflic-
« tion. Après notre séparation, je marchai
« encore quelque temps, l'esprit tristement
« préoccupé des scènes douloureuses de la
« matinée. Cependant le mouvement de la
« marche et la variété des objets nouveaux

« qui se présentaient à chaque instant à ma
« vue parvinrent peu à peu à me distraire
« de mes sombres pensées. Le soleil était
« radieux, la campagne splendide; les oi-
« seaux remplissaient les airs de leurs chants
« mélodieux. Rien n'est plus capable de
« rasséréner l'âme que le spectacle de la
« belle nature, et jamais je ne l'avais vu
« se développer avec plus d'attraits et d'é-
« clat; tout ce que je voyais m'intéressait,
« me transportait. Jamais la verdure ne
« m'avait paru plus douce, la solitude des
« bois plus riante, la voûte des cieux plus
« pure. Je respirais à pleins poumons le
« charme de l'existence ; tout s'animait
« autour de moi, « tout, comme l'a dit le
« maître (1), prenait à mes yeux un corps,
« une âme, un esprit, un visage, » et sem-
« blait m'inviter à savourer le bonheur de
« la vie. »

(1) Boileau, *Art poétique.*

« N'est-ce pas une chose bien digne de remarque, dit le père Mancel en s'interrompant, et par forme de parenthèse, que les mêmes idées, presque dans les mêmes termes, se retrouvent chez l'infortuné poëte à son entrée dans la carrière et au terme de sa course? Il suffit, pour le reconnaître, de relire les dernières strophes de sa dernière ode, véritable chant du cygne composé sur son lit de mort. La seule différence est que dans la lettre ces idées apparaissent revêtues du brillant éclat de l'espérance, tandis que dans l'ode elles ont pris un vêtement de deuil et de désespoir. »

Ici le père Mancel, fermant sa parenthèse, continua sa lecture en ces termes :

« Peut-être, ajoutait Gilbert, trouveras-
« tu, mon cher Jérôme, en me voyant me
« livrer ainsi tout entier aux transports de
« mon imagination, que j'avais oublié
« bien vite les scènes pénibles d'adieux de
« la matinée. Non, mon ami, je ne les avais

« pas oubliées; mais je cherchais à m'é-
« tourdir, comme ces hommes qui s'eni-
« vrent pour tromper leur chagrin. Tu sais
« avec quelle facilité mon imagination se
« monte et s'enflamme : eh bien, je te l'a-
« voue, je l'excitais encore afin de m'eni-
« vrer et de m'étourdir par cette exaltation
« factice. Mais quand la nuit fut venue,
« quand je n'eus plus sous les yeux le spec-
« tacle enchanteur de la nature, lorsque je
« fus entré dans une méchante et sale au-
« berge de village, que je ne vis autour de
« moi que des visages inconnus ou indiffé-
« rents, et qu'après un frugal repas je me
« fus étendu, rompu de fatigue, sur un
« mauvais grabat, toute mon exaltation
« tomba bientôt, il se fit en moi une
« prompte et pénible réaction; je songeai à
« mon père, à toi, à tant de personnes que
« j'aime et dont je suis aimé, et j'inondai
« de larmes ma triste couche, jusqu'à ce
« qu'enfin le sommeil vînt interrompre

3

« mes pleurs et m'apporter l'oubli de mes
« peines. Le lendemain, je m'éveillai de
« bonne heure, et je me remis aussitôt en
« route. »

« Je ne continuerai pas cette lecture, me
dit ici le père Mancel; car elle nous en-
traînerait trop loin, et ne vous offrirait
pas beaucoup d'intérêt. Elle contient des
descriptions minutieuses des villes qu'il
a traversées et où il a séjourné. Il s'arrêta
pendant trois jours à Nancy, dont il fait une
description enthousiaste, l'appelant « une
ville de palais, digne d'être habitée par
des rois ». En passant à Château-Thierry, il
alla visiter la maison où est né le bon la
Fontaine, dont les fables avaient eu pour
nous tant d'attraits dans notre enfance. Son
voyage s'accomplit sans incident remarquable; seulement il le fit en véritable éco-
lier, ou, si vous voulez, en poëte, plutôt
qu'en voyageur. Il marchait à petites journées, s'écartant souvent de sa route pour

aller visiter un point de vue pittoresque, un ancien monument, un château, un couvent remarquable. Il ne calculait ni son temps ni sa dépense, de sorte que, malgré le bon marché des denrées à cette époque, quand il arriva à Paris, sa bourse était à sec.

« Enfin le voilà dans cette cité immense...; son cœur battait avec violence en entrant dans la ville où allait se décider son avenir. Cependant, au premier aspect de ces rues étroites, tortueuses, aux maisons hautes de six ou sept étages, à la vue de ces ruisseaux fangeux, de cette population grouillante et affairée, il éprouva un sentiment pénible de désappointement et presque de dégoût. Mais en arrivant dans le centre de la ville et dans les beaux quartiers d'alors, il prit une meilleure idée de la capitale; ses yeux furent éblouis de l'éclat des objets, tandis que ses oreilles continuaient à être assourdies de ce brou-

haha continuel, qui, semblable au bruit
de la mer, s'élève de ces mille rues ; de ces
mille places publiques, où se pressent les
flots d'une population toujours en mouvement. Après avoir erré quelque temps au
hasard, il s'assit sur une borne auprès de
la place Royale; il s'y reposa quelques
instants, et quand il eut repris un peu ha-
leine, il tira de sa poche les lettres de recommandation que le chevalier de Biéville
lui avait données, et il se mit à en lire les
suscriptions. Il s'informa auprès d'un com-
missionnaire qui stationnait près de là,
pour savoir s'il était bien éloigné de telle et
telle rue où se trouvaient indiqués les do-
miciles des personnes auxquelles les lettres
étaient adressées. Toutes ces rues étaient
situées dans des quartiers fort éloignés, à
l'exception d'une seule, celle où demeurait
d'Alembert. Gilbert s'y rend aussitôt, se
présente, et est reçu sans difficulté. Le philosophe, après avoir lu la lettre du cheva-

lier de Biéville, adresse quelques questions au jeune homme, paraît satisfait de ses réponses, lui fait l'accueil le plus bienveillant, le caresse, l'encourage et lui promet de faire des démarches pour lui trouver un emploi convenable. Le cœur de Gilbert déborde de joie; il prend les mains de d'Alembert et les porte à ses lèvres; des larmes de reconnaissance mouillaient ses joues et les mains de son futur protecteur; il prend congé du philosophe, et se retire au comble du bonheur.

« Il faisait déjà nuit lorsqu'il quitta d'Alembert, et il était trop tard pour aller toucher le billet de cent écus que lui avait donné le chevalier de Biéville. Gilbert n'avait presque rien mangé de la journée, et il ne savait où il irait coucher, car il ne lui restait pas dans sa poche la plus petite pièce de monnaie. Du reste, cela l'inquiétait peu, et il poursuivait son chemin devant lui, sans savoir où il allait, ne son-

geant à autre chose qu'au brillant avenir
qui l'attendait. Tout en marchant ainsi sans
but, il arriva sur le Pont-Neuf. Le temps
était chaud et la nuit magnifique ; il se pro-
mena quelque temps, les bras croisés sur
sa poitrine, de la Samaritaine à la statue
de Henri IV, cherchant à se persuader qu'il
n'avait pas faim et qu'on pouvait fort bien
dormir une nuit sur le Pont-Neuf sans être
plus mal le lendemain. D'ailleurs un prochain avenir ne le dédommagerait-il pas
largement des tristes nécessités du moment?
Tout en faisant ces réflexions consolantes,
il s'assit près d'une borne, non loin du
cheval de bronze ; bientôt, par suite de la
fatigue de son voyage et des courses qu'il
avait été obligé de faire dans Paris, il s'en-
dormit profondément, au milieu du bruit
des voitures rapides, et du mouvement de
la foule qui circulait en tout sens.

« La lune brillait au ciel ; le pauvre enfant avait la face tournée vers l'astre de la

nuit, qui l'éclairait de sa douce lumière. Il était pâle et paraissait souffrir. Les passants le voyaient, le regardaient un instant par curiosité; puis ils continuaient leur chemin avec indifférence, sans s'occuper de ce qu'il pouvait être, ni des dangers qu'il pouvait courir; il y en avait même qui bronchaient à ses jambes, et qui lui disaient durement : « Faites donc attention à ne pas gêner la circulation! » D'autres ajoutaient : « Ce vagabond ne ferait-il pas mieux d'aller dormir dans son lit que de se coucher sur la voie publique? » Le pauvre garçon dormait toujours, ou, s'il était heurté trop violemment par les pieds des passants, il se réveillait à demi, repliait les jambes en balbutiant une excuse aux reproches qu'on lui adressait, puis se rendormait de plus belle.

« Quand la nuit fut plus avancée et que la foule commença à s'éclaircir, un mendiant qui stationnait tout le jour à l'angle de la rue de la Monnaie s'en retournait, sa besace en sautoir et son bâton à la main, du côté de la barrière d'Enfer, où il demeurait. Arrivé devant Gilbert, il s'arrêta longtemps à considérer le pauvre jeune poëte. Plus habitué que la plupart de ceux qui avaient passé là à reconnaître les souffrances causées par les privations, il devina sans doute que le lourd sommeil du jeune garçon était causé tout à la fois par la fatigue et le manque de nourriture. Pauvre enfant, se dit-il; quoi! si jeune et déjà souffrir de la faim! En même temps il tira quelques sous d'une grande bourse de cuir qui renfermait le produit de sa quête de la journée, et il prit dans sa besace un morceau de pain et deux pommes; puis se penchant, comme pour regarder de plus près le visage du jeune homme, il mit avec précaution, pour ne pas l'éveiller, quelques sous, le morceau de pain et les deux pommes dans la poche de son habit. Malgré l'attention que le bonhomme avait apportée dans ses mouvements, Gilbert s'éveilla au moment où le vieillard se relevait. « Que me voulez-vous? lui dit-il; pourquoi me réveillez-vous? — Mon ami, répondit le mendiant, c'est qu'il y a du danger à dormir ainsi au milieu de la voie publique. — Oh! reprit Gilbert en bâillant, dites qu'il y avait du danger quand la foule passait par ici; mais maintenant il n'y a presque plus personne, et par conséquent plus de danger. — Oui, mais quand les passants sont devenus rares, les voleurs sont à craindre, et ce danger est plus grand que l'autre. — Oh! celui-là, dit Gilbert, je ne le crains pas, et si ce n'est que pour cela que vous me réveillez, je vous en prie, laissez-moi dormir. — Comme vous voudrez, mon ami; en ce cas, que Dieu vous bénisse et moi aussi. » Et le pauvre mendiant s'éloigna, et Laurent se rendormit.

« Les nuits sont courtes en cette saison,

on était au mois de juin. Il était quatre
heures du matin quand Gilbert se réveilla,
et déjà les premiers rayons du soleil do-
raient les tours de Notre-Dame et la flèche
de la Sainte-Chapelle, qu'il pouvait aperce-
voir de l'endroit où il avait passé la nuit. Il
se leva, un peu courbatu de sa couche
passablement dure, fit quelques pas pour
se dégourdir, et, apercevant la Seine au-
dessous de lui, il descendit sur le bord
pour se laver les mains et le visage. Pendant qu'il se livrait à cette opération, l'aiguillon de la faim, émoussé par le sommeil,
se faisait sentir à son estomac plus vivement
encore que la veille. Il pensait tristement
qu'il fallait encore attendre plusieurs heures
avant de pouvoir toucher son argent, et
satisfaire au besoin pressant qui le tour-
mentait, lorsque, portant la main à sa poche
pour en tirer son mouchoir afin de s'essuyer,
il trouva le morceau de pain et les pommes
que le mendiant y avait placés. Se rappelant

aussitôt cet homme qui avait interrompu
son sommeil, il ne douta pas un instant que
ce ne fût lui qui, soupçonnant sans doute
le besoin auquel son estomac était en proie,
lui avait fait part de ces provisions. Il rou-
git d'abord à la vue de cette aumône qui
lui était faite par un homme vivant lui-
même d'aumône. Dans toute autre circonstance, il se fût empressé de donner ce pain
et ces pommes au premier mendiant qu'il
eût rencontré; mais en ce moment les tirail-
lements de son estomac étouffèrent la honte;
il dévora avidement cette nourriture qui
lui était venue si à propos; il remercia la
Providence qui la lui avait envoyée, et
bénit la main humble et généreuse qui lui
avait servi d'instrument.

« Tout en faisant ces réflexions et en
achevant de manger son pain, il était re-
monté sur le quai, lorsqu'en remettant sa
main dans sa poche il trouva les quelques
pièces de monnaie de billon que le men-

diant y avait aussi placées. Cette découverte
le toucha jusqu'aux larmes. Quoi! se disait-il, ce brave homme qui ne me connaît
pas, qui ne sait ni qui je suis ni d'où je
viens, se prive peut-être d'une partie de
son nécessaire pour me rendre service !
Quel désintéressement, quelle délicatesse
dans un homme réduit lui-même à l'indigence!... Allons, ceci est pour moi d'un
heureux augure, et me fait espérer que
dans cette grande ville je ne rencontrerai
que des cœurs bienveillants. Si un inconnu,
un pauvre diable s'est montré spontanément
si généreux envers moi, que ne feront pas
les personnages riches et puissants à qui je
suis recommandé? J'en ai eu déjà un échan-
tillon hier par M. d'Alembert, et j'ai maintenant bon espoir que je ne recevrai pas
plus mauvais accueil de ceux que j'ai encore
à visiter.

« Tandis qu'il se livrait à ce monologue
intime, son attention fut attirée par le son

des cloches qui de toutes parts, dans les églises et les couvents, si nombreux alors à Paris, sonnaient l'*Angelus* du matin. Ses pensées se reportèrent aussitôt vers la prière; il se rendit à l'église la plus voisine, entendit la messe avec recueillement, adressa à Dieu de ferventes actions de grâces pour les bienfaits qu'il lui avait accordés, et le pria de bénir son entreprise.

« Il était près de huit heures quand il sortit de l'église. Il se dirigea alors, en demandant son chemin, vers la demeure de l'ami du chevalier de Biéville, où il devait toucher son billet. Il fut reçu parfaitement par ce gentilhomme, qui se nommait M. de Raincy. Il questionna beaucoup Gilbert sur son ami de Biéville, puis il le retint à déjeuner pour pouvoir, disait-il, s'entretenir plus longtemps avec lui. Gilbert voulut faire quelques façons pour accepter; mais le gentilhomme insista avec une grâce exquise,

en ajoutant qu'il ne le paierait qu'après
déjeuner; qu'ainsi, s'il voulait remporter
son argent, il fallait qu'il acceptât son invi-
tation. Gilbert n'insista pas, et la légère
collation qu'il avait faite à quatre heures du
matin près du Pont-Neuf ne l'empêcha pas
de faire amplement honneur au copieux déjeuner de M. de Raincy. Ce gentilhomme s'a-
musa beaucoup à faire causer son convive,
et parut fort content de la conversation.
Gilbert lui demanda des nouvelles de la
reine Marie Leczinska, et s'il y avait quelque
espoir de lui faire agréer sa dédicace et son
ode. « Hélas! non, mon jeune ami, la reine
est à toute extrémité, et l'on ne croit pas
qu'elle puisse vivre plus d'un jour ou
deux (1). Mais si la protection de cette prin-
cesse vous manque, vous aurez toujours
celle des hommes remarquables de ce temps
à qui mon ami vous a recommandé. Voyons,

(1) La reine Marie Leczinska mourut le 24 juin 1768.

ajouta-t-il, les noms de ces personnages;
j'en connais moi-même quelques-uns, et
je pourrai joindre ma recommandation à
celle de Biéville; deux appuis valent toujours mieux qu'un. »

« Gilbert s'empressa de remettre ses lettres à M. de Raincy, qui en parcourut les
suscriptions l'une après l'autre, en les ac-
compagnant chacune de quelques observations. « En voilà que vous ne pourrez pas
remettre à leurs destinataires, parce qu'ils
ne sont plus à Paris. La première de ce
genre est celle adressée à Voltaire. Je ne
comprends pas que Biéville soit si peu au
courant de ce qui se passe, qu'il ignore que
Voltaire habite depuis près de dix ans une
magnifique demeure qu'il a fait construire
à Ferney, dans le pays de Gex, aux portes
de Genève. D'un autre côté, Voltaire fût-il
à Paris, je ne sais trop s'il accueillerait
gracieusement une recommandation venant
d'un simple gentilhomme, comme est mon

ami le chevalier. Entre nous, ce grand écrivain, auquel on ne peut contester beaucoup d'esprit et un immense talent, a encore plus d'orgueil que de talent et d'esprit; il se croit un personnage éminent, bien au-dessus, non-seulement du vulgaire, mais même des plus grands seigneurs; à peine daigne-t-il traiter d'égal à égal avec les têtes couronnées. Il a connu, il est vrai, Biéville à la cour de Nancy; il était même assez familier avec lui; et le chevalier lui a, je crois, rendu quelques services; mais il y a de cela environ une vingtaine d'années, et *le patriarche de Ferney*, comme on l'appelle aujourd'hui, ne se pique pas de mémoire ni surtout de reconnaissance. Ah! si vous aviez une lettre de recommandation signée du roi de Prusse, ou de l'impératrice de Russie, ce serait peut-être différent; encore je ne sais trop s'il vous accueillerait en raison de votre bagage littéraire, dans lequel j'ai remarqué bon

nombre de pièces religieuses ou imitées de
l'Écriture sainte, et vous savez que Voltaire porte une haine implacable à tout ce
qui tient à la religion. Il est vrai que la
plupart de nos philosophes d'aujourd'hui,
à commencer par les encyclopédistes Diderot et d'Alembert, ne sont guère plus
religieux que lui ; mais je ne crois pas qu'ils
soient capables, pour un pareil motif, de
refuser leur appui à un jeune homme qui
montrerait d'ailleurs un talent distingué.
Voici, continua-t-il, un personnage impor-
tant, mais que vous ne trouverez pas non
plus à Paris pour le moment : c'est le savant Buffon ; il habite Montbart, son pays
natal, et ne vient guère que l'hiver à Paris.
Il pourrait vous être utile, si vous vous
occupiez de science et d'histoire naturelle ;
mais je doute qu'il s'intéresse beaucoup à
un jeune poëte. En voilà un qui certainement eût pris à vous le plus vif intérêt, en
sa double qualité de Lorrain et de poëte :

c'est le chevalier de Boufflers (1); malheureusement il est en ce moment au Sénégal, dont il a été nommé gouverneur. Restent donc Diderot, Raynal, Marmontel et Laharpe. Je connais peu le premier; mais je pense que, fils lui-même d'un simple artisan (son père était coutelier), il se fera un devoir d'encourager et d'aider le fils d'un cultivateur. Quant à Raynal, je le connais personnellement encore moins que Diderot; mais il ne m'inspire aucune confiance : il a été prêtre, jésuite, prédicateur, sulpicien, puis il a jeté le froc, et aujourd'hui c'est un des plus violents adversaires de la religion dont il a été le ministre. » Gilbert, en entendant cette notice succincte de la vie du prêtre apostat, déchira la lettre qui lui était adressée. « Bien, dit M. de Raincy en remarquant ce mouvement; j'aime à voir votre indignation

(1) Le chevalier Stanislas de Boufflers était né à Lunéville, en 1737.

contre ces hommes à double face; malheureusement vous vivez dans un siècle où
vous n'aurez que trop souvent occasion d'en
rencontrer de cette espèce. Maintenant,
mon jeune ami, reprit-il, je puis vous
donner une lettre de recommandation pour
MM. Marmontel et de Laharpe. Je suis
assez lié avec le premier; je pense qu'il
pourra vous être utile, car il est très-répandu
dans le monde en raison de sa qualité de
secrétaire perpétuel de l'Académie française, et d'auteur d'un grand nombre d'ouvrages qui ont eu beaucoup de succès.
Quant à M. de Laharpe, c'est encore un
jeune homme que j'ai eu occasion de lancer
à ses débuts, lorsqu'il publiait ses *Héroïdes,*
presque au sortir du collége d'Harcourt. Sa
tragédie de *Warwick,* qui a eu un grand
succès il y a quelques années, l'a mis à
même de voler maintenant de ses propres
ailes; mais j'espère qu'il n'en sera que plus
disposé à être favorable à un jeune nour-

risson des Muses, qui, comme lui, a besoin
d'aide pour faire son chemin. »

« M. de Raincy écrivit les deux lettres
promises, compta les cent écus à Gilbert, lui
donna d'utiles conseils sur l'emploi de son
argent et la manière de vivre économique-
ment jusqu'à ce qu'il eût obtenu un emploi.
En se séparant, il engagea Laurent à venir
le voir le plus souvent qu'il lui serait possible.

« Gilbert s'occupa aussitôt de trouver un
modeste logement, où il s'installa dans la
même journée; il remit au lendemain à
commencer ses visites. Partout l'accueil fut
poli, quelquefois même cordial; partout
on lui fit de belles promesses, qui, à ce
qu'il espérait, ne tarderaient pas à se réaliser. Il comptait bien, disait-il en termi-
nant, m'annoncer cette nouvelle dans sa
prochaine lettre, et me fixer, à peu de chose
près, l'époque à laquelle je pourrais aller
le rejoindre. »

CHAPITRE V

Tribulations de Laurent.—Changement dans la situation
de Jérôme.

« Cette lettre de Gilbert me remplit de
joie. Je me voyais déjà appelé auprès de
lui, et présenté à ces grands hommes du
siècle qui remplissaient toutes les bouches
de la renommée. Pour ne pas faire déshon-
neur à mon camarade, je me mis au travail avec une nouvelle ardeur, et, d'après
les conseils de M. Vougier, je m'appliquai
plus que je ne l'avais fait jusque-là à l'é-
tude de la poésie latine. C'était, me disait

mon maître, le plus sûr moyen de me for-
mer le goût et de me rendre plus apte à la
versification française.

« Je suivis ce conseil, et, secondé par
M. Vougier, je passai plusieurs mois à lire,
à expliquer et à me rendre familiers Virgile, Horace, Ovide, Tibulle, Térence, etc.
Je m'exerçais à traduire en vers français
quelques passages choisis de ces auteurs;
mais, malgré les beautés du premier ordre
qu'ils renferment, je me sentais moins bien
inspiré par les poëtes profanes que par la
touchante et sublime simplicité des livres
saints. Il me semblait que la véritable poésie
ne devait être consacrée qu'à chanter la
gloire de Dieu et la grandeur de ses œuvres,
et je regardais comme une profanation
d'employer ce talent précieux à composer
des vers frivoles, à plus forte raison licen-
cieux. Je ne comprenais pas le passage de
la lettre de Gilbert où M. de Raincy lui
disait que ses essais de poésies sacrées ne

seraient pas un titre auprès des chefs actuels de la république des lettres.

« Vous serez peut-être surpris de ma naïveté, me dit le père Mancel en interrompant son récit; mais votre étonnement cessera quand vous vous rappellerez que je n'avais alors que quinze ans à peine, que je n'étais jamais sorti de mon village, et que je n'avais aucune idée ni du monde, ni des hommes, ni des choses. J'ignorais alors que la plupart de ces grands hommes du jour, dont le nom avait un tel retentissement, étaient des ennemis acharnés de notre sainte religion, et que le plus acharné de tous était Voltaire, le chef de ces prétendus philosophes; j'ignorais que si des écrivains, des poëtes se montraient pénétrés de sentiments religieux, et cherchaient à combattre les doctrines de la nouvelle école philosophique, aussitôt ils étaient en butte à la haine, aux sarcasmes et aux persécutions de toute la secte. Hélas! Gilbert l'ignorait aussi, et il ne devait pas tarder à l'apprendre cruellement à ses dépens.

« Vous vous rappelez que ce cher ami espérait m'annoncer dans sa prochaine lettre le succès de ses démarches. Plusieurs mois s'écoulèrent sans que j'entendisse parler de lui. Enfin, vers le mois de décembre, je reçus de lui une épître presque aussi longue que la première ; mais elle était aussi triste, aussi désolée que la première était riante et pleine d'espoir. Voici, en résumé, ce qu'elle contenait.

« Il avait passé plusieurs mois dans les privations les plus cruelles, attendant toujours l'effet des promesses que lui avaient faites plusieurs personnes et particulièrement d'Alembert. Logé dans une mansarde au septième étage, souffrant de la faim, mal chaussé, mal vêtu, il ne se décourageait pas encore; il savait trop bien que la constance est indispensable pour parvenir, et que le découragement empire une situation mauvaise, bien loin de l'améliorer. Mais ce qu'il ne savait pas, c'est que son indigence, qu'il pensait être une vertu antique, un louable motif pour mériter l'intérêt et qu'au contraire il eût dû dissimuler avec le plus grand soin, fût une des principales causes de ses disgrâces.

« Il apprend un jour qu'une place de précepteur est vacante dans une riche maison, et qu'un jeune homme protégé par d'Alembert serait infailliblement accepté pour la remplir. Il vole aussitôt chez d'Alembert; il lui fait part de ce qu'il vient d'apprendre, lui rappelle les offres de services qu'il lui a faites tant de fois, et d'Alembert lui promet de ne rien négliger pour lui faire avoir cette place...

« Gilbert se confond en remercîments, et se retire le cœur plus rempli d'espérance que jamais. Quelques jours après, Laurent retourne auprès de son protecteur pour connaître le résultat de ses démarches. «Je

3*

suis désolé, lui répond celui-ci, de n'avoir pas su la chose plus tôt, mais la place vacante était déjà remplie lorsque vous m'en avez parlé. Une autre fois nous serons plus heureux, je l'espère; en attendant, comptez toujours sur moi. »

« Gilbert crut remarquer quelque chose d'embarrassé dans la contenance du philosophe; il eut des soupçons, et pour les éclaircir il se rendit sur-le-champ dans la maison où demeurait l'enfant pour qui on avait demandé un précepteur; là il apprit qu'il y en avait un installé de la veille seulement, et que c'était d'Alembert qui l'avait présenté et fortement recommandé.

« Cette première et triste épreuve du monde, cette espèce d'outrage brisa le cœur de Gilbert. Il fut révolté de tant de perfidie dans un homme dont la renommée proclamait la franchise et la générosité. D'autres déboires qu'il éprouva de la part des lettrés et des puissants auxquels il avait

eu la [naïveté de s'adresser le déterminè-
rent à ne chercher d'autres protecteurs que
ses propres ouvrages. S'ils ont l'approba-
tion du public, se disait-il, je n'ai plus
rien à demander aux philosophes et à ces
hommes orgueilleux qui se font, de leur
autorité privée, les dispensateurs de la
gloire. Mais ici de nouvelles tribulations
l'attendaient. La plupart des libraires à qui
il proposa de publier ses poésies lui tour-
nèrent le dos, sans même vouloir jeter un
coup d'œil sur son manuscrit. Un seul daigna
le lire, et après l'avoir parcouru il le rendit
au poëte en disant :

« — Il y a du bon dans votre œuvre ;
malheureusement elle ne saurait avoir de
succès, et par conséquent je ne puis me
charger de l'imprimer, parce que votre
nom est inconnu ; aujourd'hui, voyez-
vous, on ne lit pas les meilleurs ouvrages
qui ne sont pas signés d'un nom déjà en
réputation, et le pauvre libraire qui au-

rait le malheur de les éditer en serait né-
cessairement pour ses frais.

« — Mais enfin, objecta Gilbert, pour
se faire un nom et cette réputation, il faut
bien pourtant commencer, et nos écrivains
d'aujourd'hui les plus en renom, Voltaire
tout le premier, étaient aussi inconnus que
je le suis la première fois qu'ils ont publié
un ouvrage.

« — Oui; mais les uns étaient assez riches pour faire les frais de cette première
publication, ou bien ils avaient des amis,
des camarades, des prôneurs qui allaient
exaltant partout l'œuvre du jeune auteur,
et qui par ce moyen en assuraient le
succès.

« — Hélas ! reprit tristement Gilbert,
je n'ai ni argent pour faire imprimer mon
livre, ni amis pour le prôner; en ce cas,
ajouta-t-il avec amertume, il faut donc que
j'étouffe tout ce que je sens bouillonner
dans mon sein de verve et d'inspiration

poétiques..., il faut donc que je succombe!... »

« Le libraire fut touché de cette douleur profonde, en même temps qu'il était frappé de l'aspect de ce front large et haut qui portait l'empreinte du génie. « Écoutez, mon jeune ami, reprit-il, il y a encore un moyen de vous créer un nom, sans être obligé de faire les avances de la première édition de vos œuvres, et sans avoir recours aux éloges et à l'obligeance de vos amis. Chaque année l'Académie française décerne un prix de poésie : envoyez au concours celle de vos pièces que vous jugerez la meilleure, et si vous obtenez le prix, je vous promets d'acheter vos œuvres, et de vous les payer aussi bien et mieux qu'aucun de mes confrères. »

« Gilbert goûta cette idée, qui ranimait ses espérances; il remercia le libraire de la lui avoir fournie; seulement il lui fit cette objection: « Mais ce n'est guère que dans

neuf à dix mois que l'Académie distri-
buera ses prix, et d'ici là comment ferais-je
pour vivre?

« — Avec les connaissances et l'instruction que vous avez, répondit le libraire,
vous pourrez toujours trouver une occupa-
tion qui vous procurera de quoi vivre. Je
pense que vous ne pouvez pas être difficile
sur le choix; ainsi vous pouvez donner des
leçons à des enfants, ou faire des copies et
des écritures pour des notaires ou des pro-
cureurs... Jean-Jacques Rousseau gagnait
bien sa vie à copier de la musique. »

« Gilbert déclara qu'il ne demandait pas
mieux que de se livrer à l'un des genres de
travail dont on lui parlait, et le libraire se
chargea de lui trouver soit des leçons, soit
des écritures.

« Tel était en abrégé le contenu de la
seconde lettre de Gilbert. Cette fois il ne me
parlait plus de m'appeler prochainement à
Paris, cependant il ne désespérait pas en-

core de notre réunion ; seulement il me disait que les obstacles qu'il avait rencontrés n'avaient point abattu son courage, qu'il avait la ferme résolution de les surmonter, et qu'il ne m'engagerait à venir le rejoindre que lorsqu'il m'aurait aplani les difficultés et préservé des ennuis auxquels il avait été lui-même exposé.

« Cette lettre de mon cher Laurent me causa une profonde affliction. Mais bientôt un grand malheur, qui tomba comme la foudre sur notre famille, vint, non pas me faire oublier les souffrances de mon ami, mais les ajouter aux peines dont je fus moi-même accablé.

« Vers la fin de février 1769, ma tante Claudine, qui jusque-là avait joui d'une excellente santé, fut frappée d'une attaque d'apoplexie qui la mit pendant plusieurs jours en danger de mort. Enfin, à force de soins et de médicaments énergiques, elle fut rappelée à la vie, mais d'une manière

incomplète; car elle resta paralysée de tout
le côté droit, et elle perdit une partie de ses
facultés intellectuelles. Sa langue ne pouvait plus que difficilement articuler des sons,
et sa parole, naguère si vive et si facile,
était devenue embarrassée et pouvait à
peine exprimer ses pensées. Mais si ses
membres, ses organes, son esprit, s'étaient
affaiblis et avaient perdu une partie de leur
vitalité, son cœur était resté intact et me
portait toujours la même affection qu'autrefois. Seulement elle comprenait que maintenant elle ne pouvait plus réaliser les espérances qu'elle avait conçues pour moi;
c'était là sa plus grande affliction, affliction
d'autant plus profonde, qu'elle la concen-
trait en elle-même, et ne la manifestait
quelquefois que lorsque je m'approchais
d'elle, et que de sa main restée libre elle
serrait affectueusement la mienne, en fixant
tendrement sur moi ses yeux mouillés de
larmes silencieuses.

« La maladie de ma tante Claudine était le plus grand malheur qui pût nous frapper : c'était la ruine et la misère de notre pauvre famille ; car c'était elle qui par son travail, son intelligence, son ordre, avait su pourvoir jusque-là aux dépenses du ménage et à celles de mon éducation ; elle avait même sacrifié à celle-ci toutes les économies qu'elle avait faites antérieurement à mon arrivée chez elle, persuadée, comme elle le disait souvent, que je l'en dédommagerais amplement plus tard. Maintenant que la maladie la frappait d'impuissance, qu'allions-nous devenir tous les trois? car le travail de tante Nanette était bien insuffisant pour subvenir à nos besoins, et souvent même elle était détournée de ses occupations par les soins que réclamait l'état de sa sœur et qu'elle seule pouvait lui donner.

« Ces réflexions, comme on le pense bien, me préoccupèrent fortement l'esprit.

Après avoir mûrement médité sur le parti
que j'avais à prendre, je voulus avoir avec
ma tante Nanette un entretien particulier,
dans lequel je lui ferais part de ma résolution, et je la prierais de m'aider à
l'exécuter. Cette résolution consistait à sus-
pendre mes études, à abandonner pour un
temps mes travaux classiques, et à me
mettre à travailler comme simple garçon
de ferme au service de quelque riche cultivateur du pays; je serais nourri, de plus je
recevrais un salaire, et de cette manière,
non-seulement je ne serais plus à la charge
de mes pauvres tantes, mais je pourrais
encore leur venir en aide, en leur donnant
tout ou partie de l'argent que je gagnerais.

« Ma bonne tante, après m'avoir écouté,
se prit à pleurer; puis quand elle se fut un
peu calmée, elle me dit en essuyant ses
larmes : « Hélas! mon pauvre enfant, je
crains bien que tu ne t'abuses toi-même,
et que tu ne puisses réaliser le projet que tu

as formé. On a voulu faire de toi un savant, ce n'était pas mon idée; mais on ne m'a pas consultée, et voilà quatre à cinq ans que tu emploies à des études qui ne t'ont guère préparé aux travaux des champs. J'en avais pris mon parti, parce que j'espérais bientôt te voir entrer dans quelque séminaire; et maintenant, au lieu de la soutane, tu parles d'endosser le sarrau des laboureurs! Quoi! as-tu donc tout à fait abandonné l'idée de te faire prêtre?

« — Mon Dieu, ma tante, je ne vous dis pas que j'aie abandonné mon projet, ni que je sois dans l'intention de le poursuivre, car je suis encore trop jeune pour que ma vocation soit fixée d'une manière définitive. Remarquez bien que je ne vous ai parlé que d'une suspension momentanée et non d'un abandon complet de mes études. Si les circonstances deviennent plus heureuses, si ma tante Claudine se rétablit complétement, ce qui n'est pas impossible en prenant les eaux de Plombières, comme le recommande le médecin, eh bien, alors je reprendrai mes études, et si ma vocation m'appelle à l'état ecclésiastique, rien ne m'empêchera de suivre cette carrière.

« — Tout cela est bel et bien, reprit ma tante; mais, mon enfant, le métier de laboureur est un rude métier; ton corps n'est pas fait à la fatigue, et tes mains, habituées à tenir une plume, seront-elles en état de manier le hoyau, la bêche ou le manche de la charrue?

« — Que cela ne vous inquiète pas, ma tante; je suis plus robuste que vous ne le croyez; si je n'ai pas l'habitude de manier les instruments de l'agriculture, j'en connais l'usage, et quant à savoir m'en servir, c'est un apprentissage qui me coûtera peu. »

« Tante Nanette finit par céder; elle parla de moi, dès le jour même, à plusieurs fermiers de notre connaissance. On était au

moment des premiers travaux du printemps,
et l'ouvrage ne manquait pas. Mes services
furent agréés, et je fus admis successive-
ment chez deux ou trois fermiers qui m'em-
ployèrent à divers travaux de culture, et
qui parurent satisfaits de mon activité et de
mon intelligence. Avec quel bonheur je
rapportais à ma tante chaque samedi soir le
prix de mes journées de la semaine ! Nous
divisions cet argent en deux parts : une
moitié était consacrée aux dépenses cou-
rantes du ménage, et l'autre moitié était
destinée à subvenir aux frais que nécessi-
terait l'emploi des bains et des eaux de
Plombières, quand la saison serait venue
de recourir à ce traitement pour notre
chère malade. Du reste, la proximité de
Plombières et la facilité des transports et
des communications rendent peu coûteux
pour ce pays-ci l'usage de ces eaux. »

—————

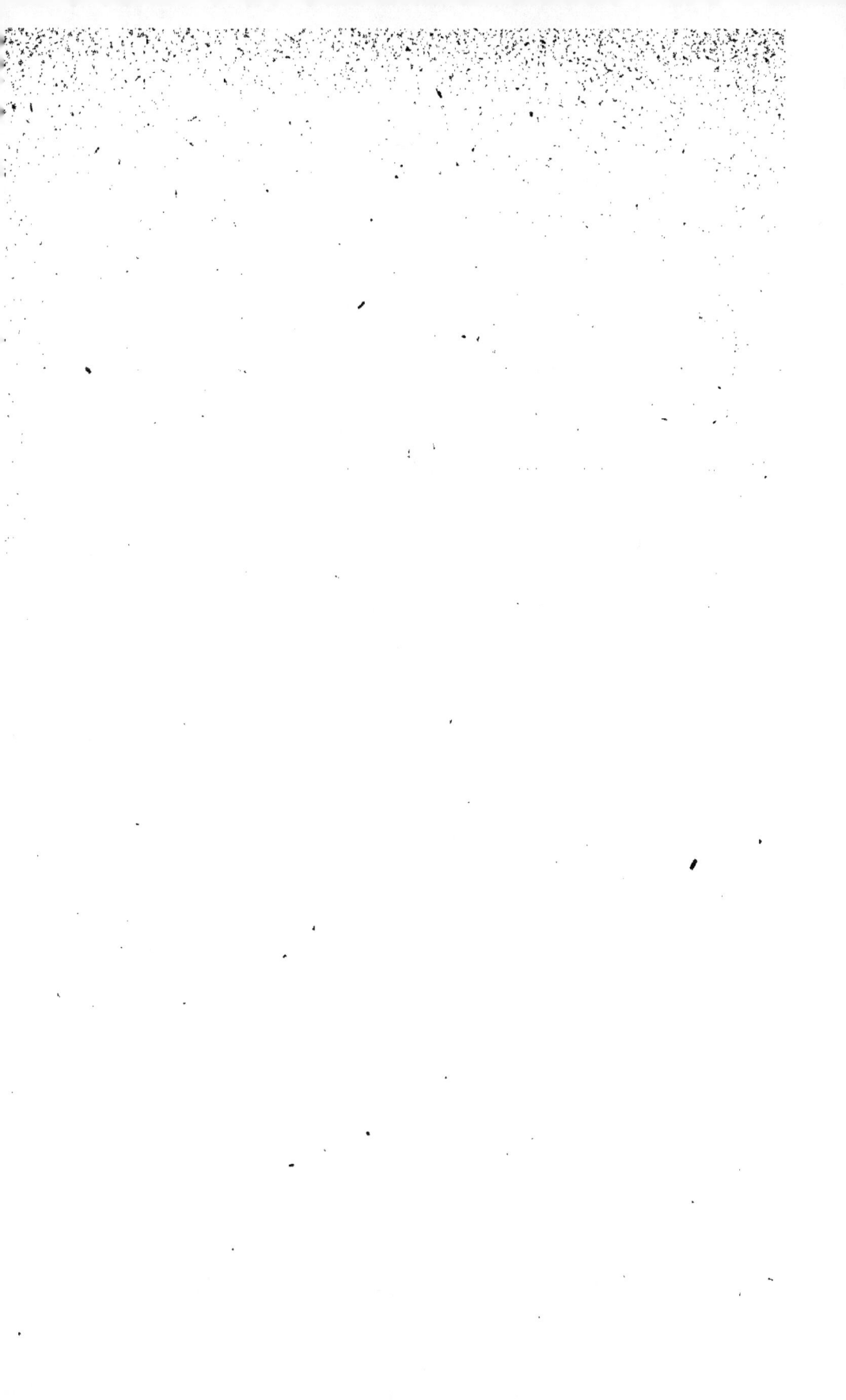

CHAPITRE VI

Conseils du père Gerbelet à Jérôme.— Mort déplorable
de Laurent.

« Cependant, si j'avais abandonné mo-
mentanément le cours régulier de mes études, je n'avais pas pour cela renoncé à mon
goût pour la poésie. Ne pouvant me livrer
exclusivement au culte des muses, je réso-
lus de l'associer en quelque sorte à mes travaux rustiques. Je me rappelais les prome-
nades que je faisais autrefois avec Gilbert,
où chaque objet que nous rencontrions dans
la campagne lui fournissait une citation de
quelques-uns de nos poëtes favoris; ma

mémoire était plus richement garnie aujourd'hui que dans ces temps-là : aux auteurs français, que je connaissais seuls alors,
je joignais maintenant la connaissance de
Virgile, et je trouvais, pour ainsi dire, à
chaque pas un tableau animé de ce que
j'avais lu dans les Bucoliques et dans les
Géorgiques.

« C'était pour moi un délassement précieux, au milieu de mes travaux champê-
tres, d'admirer cette poétique et sublime
nature, de m'en pénétrer, de réciter men-
talement, ou même à haute voix, quand
personne ne pouvait m'entendre, quelques
passages des auteurs qui l'avaient si admirablement interprétée. Malheureusement ce
délassement ne me suffit pas ; je ne me contentai pas d'admirer ces paisibles et riants
tableaux des champs ; je voulus aussi es-
sayer de les reproduire, à l'exemple de Virgile, de Segrais et de tant d'autres. Ne pouvant consacrer à ce travail un seul instant

de mes journées, employées en entier à des occupations fort peu poétiques, je passai une partie des nuits à écrire ce que j'avais rêvé dans le jour. Ce genre de vie dura près d'un mois; mais si la poésie nourrit l'esprit, c'est un aliment fort peu substantiel pour le corps, surtout pour un jeune homme de mon âge, qui passait ses journées aux rudes travaux des champs. Ces veilles imprudentes ne tardèrent pas à échauffer mon sang et à altérer ma santé. Je tombai malade, et il fallut employer à me soigner une partie de la réserve destinée à faire prendre les eaux de Plombières à ma tante. Quinze jours de soins et de repos me rétablirent. Je voulus me présenter de nouveau chez le dernier fermier qui m'employait; mais il me trouva désormais trop faible pour les travaux de la saison, — on était en plein été, — et il me remercia. Quand je vins raconter ma mésaventure à ma tante Nanette, la pauvre femme pleura, en ne prononçant que ces mots : « Qu'allons-nous devenir! ô mon Dieu, ayez pitié de nous ! »

« Je cherchai à rassurer ma pauvre tante, quoique je ne le fusse guère moi-même : « Tranquillisez-vous, tante Nanette, lui disais-je, le bon Dieu ne nous abandonnera pas; si je ne trouve pas d'ouvrage au mois ou à l'année chez un fermier, voici le temps de la moisson qui approche; tous nos fermiers auront besoin d'ouvriers supplémentaires, il serait bien extraordinaire que je ne fusse pas occupé au moins pendant ce temps. Après cela nous verrons, et Dieu y pourvoira; fions-nous à la Providence, elle ne nous fera jamais défaut. »

« Ma bonne tante parut se contenter de cette vague espérance, qu'elle était loin de partager; mais elle ne voulut pas, comme elle me l'a avoué plus tard, m'affliger ni me décourager en me disant : Les travaux de la moisson sont encore plus rudes que

ceux de la culture, et si l'on te croit im-
propre à ceux-ci, comment pourra-t-on
t'employer à ceux-là?

« Effectivement, quand je voulus m'offrir comme moissonneur, personne ne voulut m'accepter. J'étais désolé, et je n'osais
retourner apprendre à ma tante cette triste
nouvelle, lorsque je rencontrai le père Gér-
belet, un des anciens amis de mon père et
de ma famille. C'était le plus riche fermier
du pays, un brave et digne homme, qui
m'avait toujours témoigné beaucoup d'affection. Cependant je n'avais jamais osé
m'adresser à lui, parce qu'il avait été un
de ceux qui avaient le plus blâmé ma tante
Claudine d'avoir voulu me faire apprendre
le latin. Ils avaient eu même des querelles
assez vives à ce sujet, et ils s'étaient brouillés depuis ce temps-là. Je n'avais donc garde
de l'aborder quand nous nous rencontrâmes,
et je me contentai de le saluer respectueu-
sement. Je m'apprêtais à continuer mon

chemin, quand il m'adressa le premier la parole, en me disant avec bonté : « Ah ! c'est toi, Jérôme ? Eh bien, comment va ta tante Claudine ? — Toujours de même, monsieur Gerbelet; ni mieux ni pis. — C'est bien malheureux; mais avec sa taille replète, son cou entre les épaules et son genre de vie sédentaire, elle était prédisposée à cet accident. Et toi, mon garçon, que fais-tu maintenant ? continues-tu toujours tes études comme un fils d'avocat et de bon bourgeois ? — Vous savez bien que non, monsieur Gerbelet, car depuis la maladie de ma tante vous m'avez vu plusieurs fois travailler comme simple journalier dans plusieurs fermes de la paroisse; seulement, je suis tombé malade il y a une quinzaine de jours, ce qui m'a forcé à rester chez nous pour me guérir; mais maintenant que je suis rétabli je cherche de l'ouvrage, et je n'ai pu en trouver; si vous vouliez m'en procurer, vous me rendriez un grand service.

« — Non, mon ami, je ne te rendrais
pas service en ce moment en te faisant travailler, car tu n'es pas encore en état de
reprendre la besogne, et ce serait vouloir
te tuer que de te donner de l'ouvrage dans
l'état où tu es; tu as besoin de repos afin de
recouvrer des forces; quand elles seront
revenues, si tu es dans les mêmes dispositions, viens me trouver, et je te promets de
l'ouvrage. Mais si, en conscience, il ne
m'est pas possible de t'en procurer aujour-
d'hui, je puis du moins te donner deux
bons conseils, qui pourront te profiter à toi
et à ta bonne tante, que j'aime et que j'es-
time de tout mon cœur, malgré mes cha-
mailleries avec Claudine. Ces conseils, les
voici : le premier est de renoncer tout à
fait à ton latin, à tes lectures et à tes écritures de vers rimés et autres fadaises. On
m'avait dit d'abord que tu y avais effectivement renoncé : j'en étais bien aise et je
m'apprêtais à t'en faire mon compliment à

la première occasion; mais j'ai appris depuis que, loin d'avoir abandonné ces niai-
series, tu passais tes nuits à lire et à écrire
des poésies; c'est pas ça une vie, mon ami,
et c'est là ce qui t'a ôté les forces. La nuit
est faite pour dormir, et le jour pour travailler. Il faut laisser aux riches et aux habitants des villes, qui n'ont pas autre chose
à faire, ce passe-temps de fainéant; nous
autres paysans, nous avons bien d'autres
chiens à fouetter. Vois-tu, mon gars, il
ne faut jamais vouloir sortir de sa sphère;
paysan tu es né, paysan tu dois rester. Ah!
si ton père, qui était mon meilleur ami, ne
fût pas mort malheureusement pour toi,
bien sûr qu'il ne t'aurait pas permis d'a-
bandonner le travail des champs pour ton
beau métier de poëte, qui consiste le plus
souvent à rêver tout éveillé ou à bayer
aux corneilles. Où un pareil métier, je
te le demande, peut-il mener des gens
comme nous? Où cela a-t-il conduit ton

camarade Laurent Gilbert, que l'on citait
comme une merveille, comme un aigle,
comme un phénix, que sais-je? Je me suis
laissé dire que maintenant à Paris il jetait
un bien mauvais coton, et qu'il n'avait
pas toujours à manger tout son soûl. Son
père se désole aujourd'hui, et se mord les
doigts d'avoir voulu faire de son fils un
savant, au lieu d'en faire un laboureur
comme lui. Qu'en est-il résulté? que le
père et le fils sont maintenant dans la misère jusqu'au cou. Ta tante Claudine, qui
pourtant ne manquait pas d'esprit, s'était
infatuée des mêmes idées que son compère
Gilbert, et elle voulait faire aussi de toi un
savant. Nous nous sommes querellés à cette
occasion et même un peu brouillés; mais
jamais je ne lui en ai voulu, à la brave
fille; seulement je voyais avec peine le
chemin qu'elle te faisait suivre, parce que
j'étais sûr que tu allais te fourvoyer. Enfin
la voilà aujourd'hui alitée et impotente

pour le reste de sa vie; c'est un grand
malheur sans doute, et j'en ai été pour
ma part vivement affecté. Mais il ne faut
pas pour cela jeter le manche après la
cognée : il faut se dire que Dieu ne nous
afflige le plus souvent que pour notre bien,
et pour nous remettre dans la bonne voie
dont nous commencions à nous écarter.
Ainsi, quand la maladie est venue frapper ta
pauvre tante, tu as eu la bonne pensée, ou
plutôt c'est Dieu qui te l'a inspirée, de revenir à nos travaux des champs, que tu n'au-
rais jamais dû quitter. Cela m'a fait grand
plaisir, parce que cela m'a prouvé que tu
avais un bon cœur; je me suis dit : Jérôme
n'oublie pas que ce sont ses tantes qui l'ont
élevé dès le bas âge, qui l'ont aimé et
qui l'aiment encore comme s'il était leur
propre fils; maintenant qu'elles sont in-
firmes et âgées, il travaille pour les aider:
c'est bien; il ne fait que son devoir sans
doute; mais il faut lui en tenir compte, dans

ce siècle où il y a tant d'ingrats! Mais, mon ami, quand on entreprend une chose, surtout quand elle est bonne, il ne faut pas que ce soit à demi, et malheureusement c'est ce que tu as fait. Tu as voulu mener le métier de poëte avec celui de cultivateur, et c'est un attelage qui ne péut pas marcher de front. Il faut tout un ou tout autre, il n'y a pas de milieu. Cela te coûte beaucoup, et tu crois peut-être faire un grand sacrifice que de renoncer à l'un pour l'autre; mais songe donc, mon enfant, que le métier de cultivateur est le plus ancien, le plus utile, et je pourrais ajouter le plus noble de tous les métiers, puisque c'est lui qui nourrit tous les hommes, depuis les rois jusqu'aux plus humbles de leurs sujets, et que sans lui aucun autre métier ne pourrait subsister, pas plus celui de poëte ou d'avocat, que celui de charron ou de cordonnier. Ainsi donc, pour en revenir au premier conseil que j'ai voulu te donner, il faut renoncer d'une manière absolue à toutes tes idées d'écrivain, de poëte, etc., et tenir franchement en main la charrue ou le hoyau. A cette condition, je consens à te prendre à mon service et à te faire travailler toute l'année; de plus, j'utiliserai tes talents pour l'écriture en te faisant tenir mes comptes de ferme, que j'étais obligé de confier au maître d'école; je te donnerai pour cette besogne la même somme que je donnais au magister. De cette manière, ton existence et celle de tes tantes seront assurées d'un bout à l'autre de l'année. Voyons, prends-tu l'engagement dont je viens de te parler?

« — Oui, monsieur Gerbelet, répondis-je, j'y souscris de grand cœur; mais vous, allez-vous me prendre tout de suite à votre service?

« — D'abord, ne m'appelle pas monsieur Gerbelet; je ne suis pas un monsieur pour le fils de mon ami Mancel; je t'aime presque

comme si tu étais mon fils; ainsi appelle-
moi père Gerbelet. Tu me donneras toujours
ce nom si tu entres chez moi, et tu ne m'ap-
pelleras jamais maître, comme font les
autres personnes attachées à mon service,
parce que toi, je te regarderai comme l'enfant de la maison. Quant à te prendre tout
de suite à mon service, je t'ai dit tout à
l'heure la raison qui m'en empêchait: tu
n'as pas encore assez de forces pour travailler. Mais voici ce qu'il faut faire en
attendant, et ceci est le second conseil que
je veux te donner: puisque tu n'es pas en
état d'être employé comme moissonneur,
il faut glaner avec ta tante Nanette, autant
toutefois que celle-ci le pourra, pendant
tout le temps de la moisson. Cette année,
nous aurons une récolte des plus abon-
dantes que j'aie vues depuis longtemps; tu
pourras, si tu travailles avec ardeur, pour
peu que ta tante t'aide, ramasser du blé de
quoi vous nourrir tes tantes et toi pendant

tout l'hiver. Au bout d'un mois ou deux, si tu as suivi mon premier conseil et que tu aies dormi pendant toutes les nuits au lieu de les passer à lire et à griffonner du papier, tu auras retrouvé tes forces; reviens me voir alors, et je te promets de t'employer toute l'année.

« — Merci, père Gerbelet, lui répondis-je; je m'engage formellement à suivre vos avis; mais de votre côté, j'espère que vous tiendrez votre promesse.

« — Tu peux y compter, mon garçon; tu sais que le père Gerbelet n'a qu'une parole. » En disant ces mots, il me tendit la main droite, que je serrai dans les deux miennes avec effusion : « Allons, ajouta-t-il, voilà un marché conclu : au revoir, mon garçon. » Et nous nous séparâmes.

« Lorsque je fus seul, je réfléchis profondément à ce que venait de me dire le père Gerbelet, et plus j'y réfléchis, plus je reconnus que son langage était celui du bon sens et de la raison. Ajoutez que ce qu'il m'avait dit de Gilbert n'était que trop vrai ; les dernières nouvelles que j'en avais reçues m'annonçaient qu'il était exposé aux plus cruelles privations, et, loin de m'engager à venir le rejoindre, il me disait qu'il regrettait amèrement d'avoir quitté Fontenoy. Je compris donc que pour moi le meilleur parti à prendre était de suivre le conseil du père Gerbelet, et je me rendis à la maison avec la ferme résolution de l'exécuter sans délai. Seulement, je ne voulus pas encore faire part à ma tante Nanette de la promesse que m'avait faite le père Gerbelet, me réservant de l'en instruire si elle s'accomplissait, afin de ne pas l'exposer à la douleur d'une déception dans le cas contraire. Je ne lui parlai donc que du conseil que ce brave fermier m'avait donné, de glaner pendant la moisson, en m'assurant que ce travail, moins fatigant que celui de moissonneur, me donnerait presque autant de bénéfice.

« Tante Nanette applaudit à cette idée, tout en disant : « Heureusement que ma pauvre sœur n'est pas en état de comprendre tes nouveaux projets; elle en serait désolée; et pourtant tu ne pouvais agir autrement. » Effectivement ma tante Claudine avait eu une seconde attaque, moins violente que la première, mais qui avait cependant presque achevé d'anéantir ses facultés morales. Elle était tombée tout à fait en enfance; elle ne comprenait rien de ce qui se passait autour d'elle, et ne paraissait pas s'en inquiéter. Mais sa santé physiquement ne paraissait pas trop altérée, elle ne souffrait pas; elle mangeait même avec assez d'appétit, et le médecin affirmait qu'elle pouvait vivre dans cet état encore pendant de longues années.

« Le lendemain de grand matin, au moment de partir pour les champs, je déchirai et je jetai au feu plusieurs cachiers manu-

scrits contenant mes essais poétiques de tout
genre. Ce sacrifice achevé, non sans douleur, je pris tous mes livres, tous mes auteurs favoris, et sans même y jeter un coup
d'œil, je les reléguai sur le haut d'une armoire, en les enveloppant d'une vieille
toile d'emballage, pour les garantir de la
poussière. Cela fait, je pris un râteau, je
mis un morceau de pain et de fromage dans
ma poche, j'invitai tante Nanette à venir
me rejoindre quand elle aurait terminé
son ménage et donné à la malade les soins
qu'elle réclamait, et je partis.

« Je puis le dire sans me flatter, mes
tantes et moi nous étions aimés et estimés
de toute la paroisse. L'infirmité de ma tante
Claudine, la misère qui en devait être la
suite, la résolution que j'avais prise d'abandonner mes études et de travailler pour
pourvoir aux besoins de mes vieilles tantes,
excitaient la pitié et l'intérêt de tous les
habitants du village, sans exception. Aussi,

quand je parus dans les champs au nombre des glaneurs, loin de me repousser comme on le faisait à l'égard de vagabonds ou de mauvais sujets qui, sous prétexte de glaner, se livraient à un véritable pillage, chaque fermier me fit bon accueil, et lorsque tante Nanette vint me rejointre, plus d'un, imitant le généreux Booz, laissa à dessein sur le terrain des épis pour être ramassés par la tante et le neveu.

« Comme l'avait prévu le père Gerbelet, notre glanage fut très-productif; nous en retirâmes du blé en quantité suffisante pour assurer la base essentielle de notre nourriture pendant la plus grande partie de la mauvaise saison.

« Je m'étais exactement conformé aux avis du père Gerbelet. Pendant tout le temps de la moisson, mes journées avaient été employées à un travail régulier et relativement peu pénible, et mes nuits à un sommeil réparateur. Ce régime avait tout à fait rétabli ma santé et m'avait rendu toutes mes forces. Quelques jours après la rentrée des dernières gerbes, j'allai trouver le père Gerbelet, qui me dit, en me voyant: « Ah! te voilà, mon garçon; je vois avec plaisir que tu as suivi mes conseils; c'est à moi maintenant de tenir mes promesses. » Et aussitôt il m'engagea pour le battage de ses grains, à raison d'un demi-écu (un franc cinquante centimes) par jour et la nourriture, me promettant en outre que s'il était content de mon travail après cette première épreuve, il m'attacherait définitivement à son établissement comme garçon de ferme.

« Je courus sans perdre de temps porter cette bonne nouvelle à tante Nanette. Elle pleura de joie en m'embrassant, et me dit avec un accent pénétré : « Va, mon garçon, le bon Dieu te bénira pour ce que tu fais aujourd'hui en faveur de tes vieilles tantes, et il t'en récompensera comme tu le mérites. »

« Dès le lendemain j'allai m'installer à la ferme du père Gerbelet, et depuis ce jour je ne l'ai pas quittée; car, ajouta le père Mancel en souriant, cette ferme est celle où j'ai l'honneur de vous recevoir aujourd'hui.

— Comment! m'écriai-je tout surpris, c'est ici la ferme du père Gerbelet, et vous l'habitez depuis ce temps-là?...

— Oui, Monsieur, c'est-à-dire depuis cinquante-six ans, et depuis quarante j'en suis propriétaire; et pourtant cette histoire de plus d'un demi-siècle est fort simple et bien moins longue à vous raconter que celle des quelques années de ma jeunesse, où j'ai failli me fourvoyer en m'écartant de ma véritable vocation. En voici le résumé en quelques mots :

« Après le battage des grains, le père Gerbelet parut fort content de mon travail; il m'engagea d'abord comme simple garçon de ferme, puis au bout d'un an je devins son premier garçon, et bientôt son *facto-tum*. Il me chargeait de la tenue des livres, de toutes les écritures de la ferme, de la vente des denrées au marché, du paiement des ouvriers, etc. Au bout de quelques années, le bail de la ferme fut renouvelé, et le père Gerbelet voulut m'y associer; enfin, deux ans après, il me fit épouser sa fille unique, ma bonne Geneviève, que vous connaissez. A sa mort, c'est moi qui natu-rellement l'ai remplacé. A la révolution, comme le propriétaire de ce domaine avait émigré, ses biens furent confisqués et mis en vente au district d'Épinal. Je m'en suis rendu acquéreur en déboursant à peu près le vingtième de leur valeur. Lorsque le pro-priétaire est revenu de l'émigration, j'ai voulu lui rendre son domaine, purement et simplement, plus les fermages échus pendant son absence, en déduisant seule-ment les frais et avances que j'avais faits pour la conservation de ses biens; mais il ne m'a pas été possible de le faire consentir à cet arrangement. Il a voulu à toute force que je conservasse la propriété de cette ferme et d'une partie des terres qui en dépendent, et, en outre, il m'a affermé pour cinquante ans tout le surplus de son domaine. Voilà comment de simple journalier que j'étais dans ma jeunesse, je suis devenu un des principaux propriétaires cultivateurs du pays.

— Vous avez, monsieur Mancel, dis-je à mon hôte quand il eut terminé son récit, parcouru une belle et honorable carrière, et si elle n'a pas été aussi brillante que celle de votre ami Gilbert, à coup sûr elle a été moins douloureuse pour vous, et surtout mille fois plus utile à la société. Mais, dites-moi, est-ce que vous n'avez pas continué vos relations avec lui après que vous avez eu renoncé à la poésie et à tous vos vains rêves de gloire?

— Pardonnez-moi, Monsieur, nous n'avons jamais cessé tout à fait de correspondre ensemble ; seulement, dans les dernières années de sa vie, ses lettres devinrent beaucoup plus rares.

— Ne vous blâma-t-il pas d'avoir abandonné la poésie pour l'agriculture?

— Oh! non, Monsieur, bien loin de là : quand je lui annonçai mon entrée chez le père Gerbelet, et les conditions que le brave fermier m'avait imposées, il me répondit que j'avais bien fait de les accepter; il me témoignait le regret qu'il éprouvait de ne pouvoir m'imiter. « Mais, me disait-il, « maintenant il est trop tard; une sorte de « fatalité s'est appesantie sur moi; il faut « que je vide jusqu'à la lie la coupe amère « que je me suis versée. » Puis il revenait sur l'éloge de la vie des champs, m'engageait à ne pas quitter un état qui seul pouvait me procurer le bonheur qu'il est donné à l'homme de goûter ici-bas;

4*

et il terminait par cette citation de Virgile :

*O fortunatos nimium, sua si bona norint,
Agricolas* (1)!

« Plus tard il me fit part des luttes qu'il
avait eu à supporter, des dédains et des re-
buts qu'il avait essuyés. Dès lors son cœur
s'aigrit, il devint misanthrope, son front
s'assombrit, son sourcil se fronça, son œil
contracta un regard incessamment indigné,
et toute sa jeune physionomie fut bientôt
empreinte de l'air triste et sauvage de la
vieillesse déçue. Ajoutez à cela son peu
d'usage du monde, et vous jugerez si un
tel poëte pouvait réussir devant cette société si rusée, si égoïste, si dédaigneuse,
bercée alors par les vers mielleux de Dorat,
endormie par les drames de Laharpe, et
réveillée par les contes de Voltaire.

(1) Trop heureux l'habitant des campagnes, s'il con-
naissait son bonheur! (*Géorgiques*, liv. II, v. 458.)

« Deux fois il voulut concourir, comme on le lui avait conseillé, pour le prix de poésie à l'Académie française; deux fois il échoua, et les pièces qu'il avait envoyées ne furent pas même mentionnées; le prix fut accordé, et était probablement décerné d'avance à une médiocrité protégée par la faveur de quelques courtisans.

« Cette injustice, ou plutôt ce mépris, décida le genre de poésie auquel Gilbert doit son illustration, la satire. Lui qui avait vu de près toute la vanité, toute la jactance, tout l'égoïsme des soi-disant philosophes de l'époque, il fit contre eux sa satire du *Dix-huitième Siècle*, adressée à Fréron; elle fut suivie d'une seconde satire, intitulée : *Mon Apologie*. Il m'envoya ces deux pièces, immédiatement après les avoir publiées; elles étaient pleines d'une verve mordante, et lançaient des traits qui presque tous ont porté. Il y a dans l'une et l'autre des morceaux admirablement frap-

pés, et des vers qui sont demeurés pro-
verbes. Tout le monde connaît ces vers, où
il parle de Laharpe,

> Qui, sifflé pour ses vers, pour sa prose sifflé,
> Tout meurtri des faux pas de sa muse tragique,
> Tomba de chute en chute au trône académique.

Et il n'épargna pas davantage Voltaire,
Marmontel, Saint-Ange, Diderot, Beau-
marchais, d'Alembert, en un mot, toute la
phalange philosophico-poétique d'alors.
Après avoir lu les deux pièces, et en avoir
admiré les beautés énergiques, où l'on ren-
contre cependant du décousu dans les idées
et beaucoup d'inégalité de style, je lui ré-
pondis pour lui faire part de l'impression
que j'avais éprouvée. J'étais affligé, lui
disais-je, de le voir entrer dans une voie
qui ne pouvait que lui attirer les plus cruels
désagréments; car il s'attaquait à une aris-
tocratie de philosophes et de poëtes, race
vaniteuse, égoïste et implacable, qui le

poursuivrait à outrance, sans lui laisser ni trêve ni repos. Il me répondit qu'il avait calculé d'avance toutes les chances de la lutte qu'il avait entreprise, qu'il en reconnaissait l'inégalité, mais qu'il était décidé à la poursuivre jusqu'au bout.

« Je n'avais plus rien à dire, et je renonçai dès lors à lui donner des conseils qu'il était résolu à ne pas suivre. Il obtint enfin l'appui de quelques personnages de distinction, tels que d'Arnaud, l'abbé de Crillon et l'archevêque de Paris, Mgr de Beaumont; celui-ci tenait à honneur de soutenir un jeune homme qui osait seul attaquer avec vigueur ces encyclopédistes et ces philosophes dont les doctrines battaient en brèche la religion, nos vieilles institutions et la monarchie française, qui s'écroula treize ans plus tard; mais ce soutien était bien faible, et ne pouvait empêcher que sa jeunesse et son indigence ne le rendissent un champion peu redoutable. Cependant, avec le temps et l'énergie dont il était doué, il pouvait le devenir, quand un accident imprévu vint l'arrêter au début de sa carrière. A la suite d'une chute de cheval qui lui avait occasionné une forte blessure à la tête, il tomba en démence. Il fallut le transporter à l'Hôtel-Dieu, pour lui faire subir l'opération du trépan. Pendant un accès de fièvre cérébrale qui suivit cette opération, il avala à l'insu des surveillants la petite clef d'une cassette où il avait enfermé quelques pièces de vers et un peu d'argent. Il tomba dans d'horribles convulsions; en vain montrait-il par signes sa gorge, le siége de sa douleur, on attribuait ces démonstrations violentes à la folie, lorsque enfin il expira dans d'atroces angoisses, le 12 novembre 1780, à peine âgé de vingt-neuf ans. Après sa mort, on trouva cette clef arrêtée dans les tendons de l'œsophage. On s'en servit pour ouvrir la cassette, et l'on découvrit alors ces strophes si touchantes

que j'ai transcrites au-dessous de son buste.
On a remarqué que dans aucune autre de
ses odes on ne sent ni cette douceur ni cette
facilité; c'est véritablement le chant du
cygne. Pauvre ami! je l'ai bien pleuré en
apprenant sa triste fin, et je me sens encore
attendri en relisant cette dernière strophe,
qui semble un souhait qu'il m'a spéciale-
ment adressé, et que, grâce à Dieu, j'ai
l'espoir de voir accomplir :

Ah! puissent longtemps voir votre beauté sacrée
        Tant d'amis sourds à mes adieux!
Qu'ils meurent pleins de jours ; que leur mort soit
        Qu'un ami leur ferme les yeux! »   [pleurée,

———

Tel fut le récit du père Mancel. Bien des
années se sont écoulées depuis qu'il me l'a
raconté, et j'en ai conservé une impression
qui ne s'est jamais effacée.

Cette double histoire de deux jeunes gens
partis du même point, appartenant à la

même condition sociale, doués des mêmes aptitudes, ayant les mêmes idées, et arrivant à une fin si différente, m'a toujours vivement frappé, et me semble renfermer un grand enseignement.

L'un, croyant obéir à une vocation irrésistible, à un désir insatiable de gloire, abandonne son pays natal, son vieux père et ses amis, et vient à Paris user son génie, au milieu des privations les plus cruelles et des déceptions de toute nature, pour se faire un nom, pour acquérir cette gloire qui le fuit; et il meurt abandonné dans un hôpital.

L'autre, non moins infatué que son ami de chimères poétiques, a le bon esprit de s'en défaire à propos, et de retourner franchement aux travaux des champs. Il devient, par son travail et sa bonne conduite, l'artisan de sa fortune; il est bon père, citoyen honorable; il rend de grands services à ses parents, à ses amis, à ses concitoyens; sa vie se prolonge comme celle d'un patriarche; il meurt plein de jours, léguant à ses enfants et à ses petits-enfants non la vaine gloire d'un nom poétique, mais, ce qui vaut mieux, un nom pur et sans tache et l'exemple de ses vertus. Je laisse à mes jeunes lecteurs à tirer la conclusion de cette double histoire.

FIN

TABLE

8028. — Tours, impr. Mame.

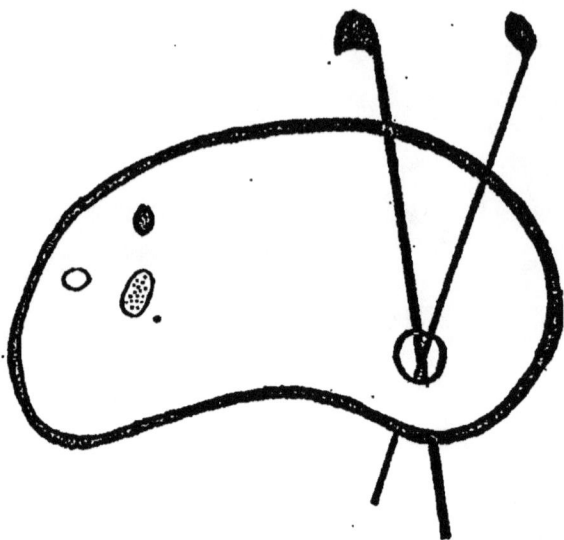

ORIGINAL EN COULEUR
N° Z 43-120-8

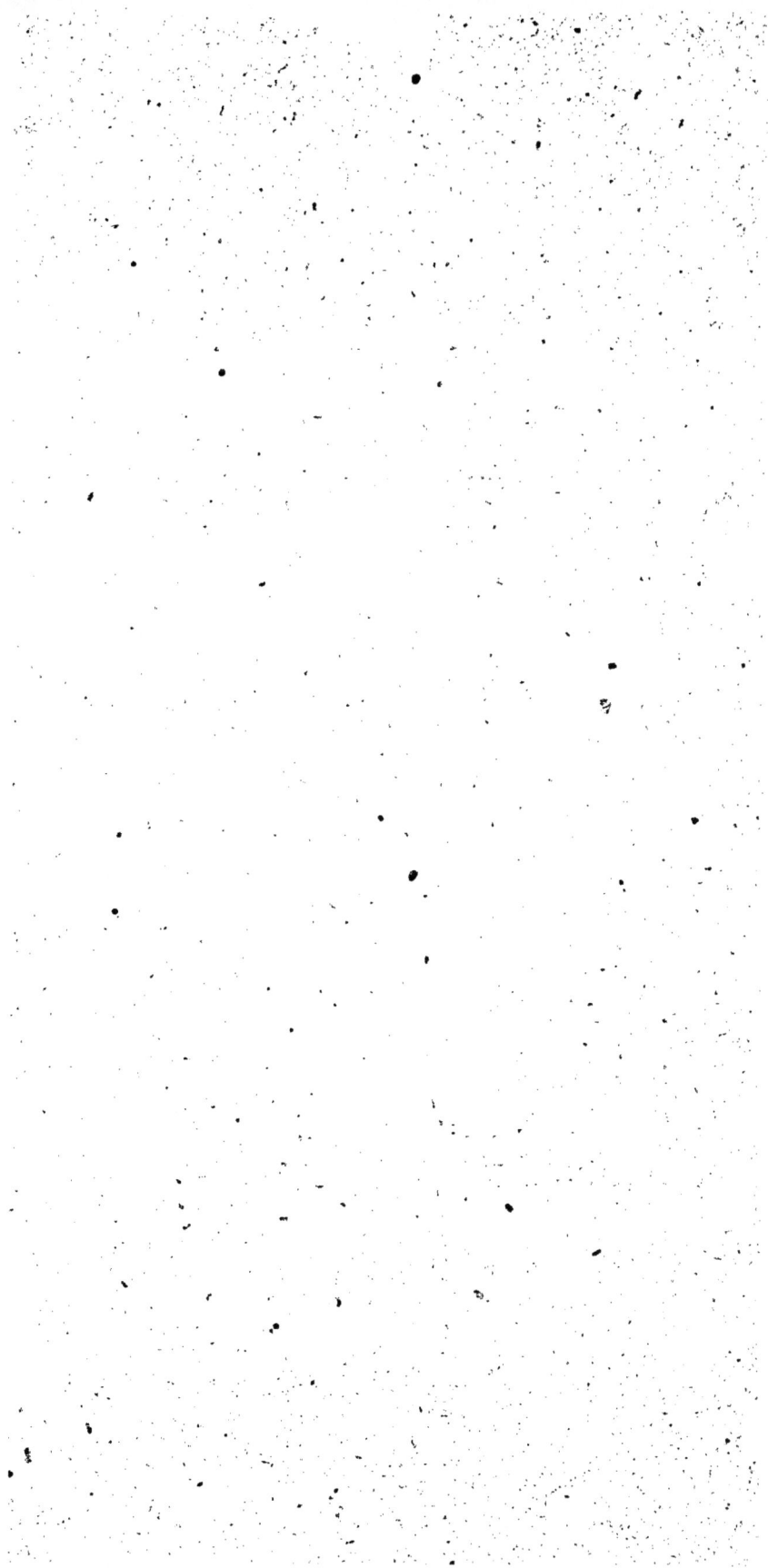

www.ingramcontent.com/pod-product-compliance
Lightning Source LLC
Chambersburg PA
CBHW072103090426
42739CB00012B/2845